教育の
理念と歴史

編著：橋本美保
　　　遠座知恵

まえがき

　本書『教育の理念と歴史』は、教職課程における「教育の基礎的理解に関する科目」の一つに位置付けられている「教育の理念並びに教育に関する歴史及び思想」を学習するためのテキストである。

　理想の教育を追求するうえで、その理念が重要であることは言を俟たないが、「理念」について学ぶことは実は難しい。私たちは目の前の教育実践を観察することはできても、その背後にある理念を同じように捉えることはできない。また、私たちは言葉を通して教育の理念について学ぶが、理念をもし単なる言説とみるならば、教育の現実とは無関係なものとなってしまう。教育の理念について学ぶ際に意識すべきことは、それを教育の現実を変える可能性を持つ力として捉えることである。教育の理念と教育の現実との交わりは、過去の教育の「歴史」の中に豊富に見いだすことができるため、本書は教育の理念を歴史的展開に位置付けて学習できるよう編集した。

　教育の理念は、過去のさまざまな教育思想の中に見いだすことができる。教育思想家や実践家たちは、それぞれが生きた時代背景や各自の課題意識のもとに、子ども、教師、人間、社会、学校などに対する考察を重ね、理想の教育の在り方を提起してきた。先人たちの思索に学ぶことは、教育に対する読者の視野を広げる手がかりとなるであろう。また、教育の理念と歴史を学んでいくと、理念がその提唱者のみの問題ではなく、それを受容する人々の問題であることにも気づかされるであろう。教育の歴史の中には、ある理念が革新的な教育現実を生み出す一方で、その提唱者の手を離れ失われていくこともあるからである。さらに、過去には教育思想家や実践家が教育の理念を掲げただけでなく、国家が示した教育政策上の理念も存在する。そうした理念が、教育の現実に何をもたらしたのかを学ぶことも、これからの教育の在り方を考える一つの材料となるはずである。

本書は第Ⅰ部「西洋における教育思想と学校の歴史」、第Ⅱ部「日本における教育思想と学校の歴史」、第Ⅲ部「教育の諸課題と学校」から構成されている。第Ⅰ部と第Ⅱ部は、西洋と日本における教育思想と学校の歴史を古代から近・現代に至るまでの時系列に沿って取り上げている。第Ⅲ部は、現代社会の中で近年浮上している教育の諸課題に着目し、テーマ史的に内容を構成した。教職を目指す読者が、自らの教育観を問い直し、教育理念を形成していくための糧として本書を活用していただけたら幸いである。

2024年8月吉日

編著者　橋本美保

遠座知恵

『教育の理念と歴史』目次

3 まえがき

〈第Ⅰ部〉 西洋における教育思想と学校の歴史

第1章 前近代の教育思想と教育機関

12 第1節 原始および古代社会における教育

17 第2節 ヘレニズム・ローマにおける教育

18 第3節 中世ヨーロッパにおける宗教と教育

22 第4節 近世の教育思想

第2章 人間教育の理念形成

27 第1節 近代学校の構想と感覚を通じた学習

30 第2節 教育の可能性と習慣形成のための経験

33 第3節 消極教育と生活に基づく経験

37 第4節 「経験」に対する三者の差異

第3章 近代公教育の形成

43 第1節 近代公教育形成の背景

45 第2節 近代公教育の形成

48 第3節 近代公教育の形成を支えた思想家たち

第4章 近代教授法の成立

56 第1節 ペスタロッチによる合自然的な教授法の模索

61 第2節 ヘルバルトによる教授理論の体系化

65 第3節 ヘルバルト学派による教授理論の実践化

第5章 新教育運動の生起と展開

72 第1節 新教育の理念

77 第2節 ヨーロッパにおける新教育

80 第3節 アメリカにおける新教育

〈第Ⅱ部〉 日本における教育思想と学校の歴史

第6章 伝統的社会における教育

88 第1節 古代・中世の教育

91 第2節 近世社会における子育て

93 第3節 近世社会における教育機関の多様化

95 第4節 近世庶民における学習文化

第7章 近代学校制度と授業の成立

102 第1節 近代公教育の創始

104 第2節 近代学校教育制度の確立過程

107 第3節 国家主義教育体制への移行

109 第4節 教育方法の日本的受容の特質

第8章　大正新教育の展開

116　第1節　大正期の教育政策

118　第2節　大正期の教育思潮

120　第3節　大正新教育の高揚

第9章　国家主義教育と戦後の教育改革

130　第1節　社会の動揺と思想統制

133　第2節　国家総動員体制下の教育

136　第3節　戦後教育改革

139　第4節　講和・独立後の教育改革

〈第Ⅲ部〉　教育の諸課題と学校

第10章　変化する社会と学校の関係

147　第1節　学校への批判と期待

149　第2節　教育の社会的性質

152　第3節　変化する「教育的な」社会

第11章　教育における学校と家庭の役割

158　第1節　学校の歴史〜人々にとっての教育の場となるまで〜

162　第2節　家庭教育の成立の歴史〜地域による教育から家庭による教育へ〜

165　第3節　現代の学校と家庭の役割

第12章　グローバル化と持続可能な社会

175　第1節　持続可能性への注目とESD（持続可能な開発のための教育）

178　第2節　知識基盤社会と教育

183　第3節　社会や地域のつながりと教育

第13章　「教育の理念と歴史」を学ぶ意味

191　第1節　「新教育」という試み

194　第2節　教育の普遍的価値

196　第3節　教育への信念

202　編著者紹介

204　執筆者紹介

装幀／アトリエ・タビト

〈第Ⅰ部〉

西洋における教育思想と学校の歴史

第 1 章

前近代の教育思想と教育機関

香山太輝

はじめに

　教育を最も広い意味で捉えれば、その歴史は先史時代にまで遡ることができる。本章では、そうした長い教育の歴史の中で、西洋世界における近代以前の教育思想および教育機関について取り上げる。近代以後の教育が人間一般を対象として構想されていくのに対し、近代以前は、特定の社会的、あるいは職業的地位に立つ者を想定して教育の理念や思想が構想されていた。本章ではこの点に留意し、近代以前に登場する教育思想や教育機関がいかなる社会的要請の中でつくり上げられてきたのかを踏まえながらそれぞれの特徴について論じていきたい。

第1節　原始および古代社会における教育

1　意図的な教育の原初的な形態

　馬や牛とは異なり、人間の新生児は個体の生存や集団の維持のために必要な能力の多くを、生後の長い時間をかけて獲得していく。小規模な集団での移住生活を基本としていた狩猟採集社会において子どもは、両親をはじめとする同じ集団の成員の行動を模倣する中で知らず知らずのうちに必要な能力を獲得していったと考えられている。この時点では、教えることや学ぶことは意図的に行われていなかった。

　やがて農耕社会に移行し、人々が生産計画を立てて生活するようになると、集団の維持のための労働力や他集団との争いに備えた戦力を確保する必要性が自覚されるようになる。こうした社会では、子どもと大人とが区別され、前者から後者へと変化させることを企図して行われる習俗が生まれた。一定の儀式や厳しい試練を与え、それを乗り越えた者を集団における一人前の成員として認めるイニシエーション（入社式）はその代表的な事例であり、意

図的な教育の原初的な形態であった。

2 古代ギリシャの都市国家における教育

　農耕技術の発展による生産効率の向上は余剰生産と生活のゆとりをもたらした。このような社会では、集団内での役割分業が生じ、もっぱら生産労働に従事する者と、集団を統治する役割を担う者との間に階級的格差が生じる。一部の支配者と、多数の被支配者からなる中央集権的な政治組織は都市国家と呼ばれており、紀元前8世紀頃のギリシャではポリスと呼ばれる都市国家が誕生した。生産労働から解放され、軍事や国家の統治に専念する者が出てきたことで、それ以前とは異なる人間形成の形態が姿を現す。以下、この時期のポリスの中でも特に力を付けたスパルタとアテネに注目して、その内実を概観していきたい。

　スパルタでは、自由市民のスパルタ人が、兵役義務がありながら参政権を持たないペリオイコイと、奴隷身分であるヘロットを生産労働に従事させることで政治と軍事に専念し、戦士団を組織していた。他国との争いや内乱による情勢不安を解消するべく、強力な軍事体制が敷かれていたスパルタでは、個人は国家に奉仕する限りにおいてその存在意義が認められ、国家主義的な教育が行われていた。生まれた子どもは国家の所有物と見なされ、生後の身体検査ののち、養育されるか、障害や虚弱体質などの理由で捨てられるかが長老によって判断された。7歳になると養育所に入り、質素で厳格な集団生活の中で軍事訓練を中心とする教育を受ける。スパルタにおける教育では、強力な軍隊をつくるべく、忠誠心や忍耐力の育成が重視された一方で、知的教育は最小限にとどめられた。

　アテネは、市民による直接民主制を導入したポリスとして知られ、国家統制の原理と、個人が力を発揮する個性の原理とが調和的に結び付いた独特の政治体制が構築されていた。スパルタとは異なり、生まれた子どもは各家庭の教育方針で育てられる。7歳になると、両親が選んだ体操学校（パライストラ）や音楽学校（ディダスカレイオン）に通うこととなる。体育だけでなく、

第1章●前近代の教育思想と教育機関　13

読み書きや楽器の演奏、詩歌の暗唱などによる知性や情操の涵養を含め、個人の調和的な発達が目指されていた。16 歳になると高等体操学校（ギムナシオン）で実践的な軍事訓練を受け、18 歳で青年団（エフェーボス）に入団、20 歳で市民権を得ることになるのだが、その後も高等体操学校で身体的および知的な鍛錬に励んだ。

　アテネにおける最高議決機関である民会では多数決が採用されており、これに参加する政治の担い手にとって、議論を有利に進めるための弁論術を習得することが切実な課題とされていた。こうした要請に応じ、弁論術を教授するソフィストと呼ばれる職業的教師が登場する。その著名な人物としてプロタゴラス（Protagoras 紀元前 490 頃-420 頃）が挙げられる。彼は、「万物の尺度は人間である」という言葉を残して物事の善悪や価値に絶対的な基準のないこと（相対主義）を示した。そして、政治の担い手には状況に応じて適切な判断を下し、自らの見解を確からしいものとして人々を説得する力が求められるとし、そうした力を有した者こそ有徳な存在であると見なした。

3　古代ギリシャにおける教育思想〜ソクラテス、プラトン、アリストテレス〜

　ソフィストたちの影響によって、伝統的な道徳的価値観は流動的なものとなり、一部の特権階級のものであった知が民主化していくことになった。しかし、ソフィストが自らを「知者」とし、多額の報酬を受け取りながら人々に自然学や歴史学などを教授するようになると、自らの子弟の知識の獲得とその結果として達成される社会的地位の上昇という課題を金銭的に解決しようとする風潮がアテネ市民の間に蔓延してくる。また、弁論術を用いて人々を煽り立てる扇動家（デマゴーグ）によって民主政治は危機的な状況にあった。この状況を問題視し、アテネ社会における人間の生き方を問い直そうとしたのが、ソクラテス（Sokrates 紀元前 470／469-399）、プラトン（Platon 紀元前 427-347）、アリストテレス（Aristoteles 紀元前 384-322）であった。

　ソクラテスは、人間には真善美を求める衝動（エロス）が備わっており、人間がこの衝動に突き動かされ、自ら求めて獲得していく普遍的な知識こそ

真の知識であると考えていた。その立場からすれば、ソフィストたちが求めている知識は、本来の知識から派生した部分的なものにすぎないという。ソクラテスは青年たちをしてこの真の知識に到達させることを自らの使命とした。そのための方法は対話法（ディアレクティケー）、あるいは産婆術（マイエウティケー）と呼ばれている。身近な話題から始め、問いを深めていくうちに青年の有している概念が思い込みであることに気づかせ、行き詰まりに追い込む。このプロセスの中で自らの無知を自覚させ、エロスを喚起させる。真の知識を教えるのではなく、自ら探求させることが彼にとっての教育であったといえる。

　ソクラテスに師事していたプラトンは、師の思想をより発展させた。彼は善や美の本質をイデアと呼び、それが時間と空間による制約をうける現象界のかなた（イデア界）に存在しているとした。プラトンによれば、人間の霊魂はもともとイデア界にあり、したがって本来人間は善や美のイデアを知っているのだが、肉体を得て現世に誕生するとともにそれを忘却してしまう。この本来知っていたはずのイデアを想い起こすことが学習であり、それを助成するのが教育（パイデイア）の役割であった。有名な「洞窟の比喩」はこのイデアの想起のプロセスを示している。

　プラトンは、人間には理性、激性、欲望といった本性があり、いずれに長けているかによって君主、軍人、生産者といった三つの階級に区分できるという。彼は、理性に長け、イデアを認識できる者こそ善をなすことができ、国家を統治する君主にふさわしいと考え、そうした有徳の治者としての哲人王を育成するための教育課程を構想した。まず、20歳までは、音楽と体育を通して、心身を調和的に発達させることが目指される。続いて30歳まで幾何学、天文学、文学、算術、音楽理論など、哲学の準備教育を受ける。その後、35歳まで哲学の研究を行い、善のイデアを観照した者は政治や軍事の実務を行う。これらの過程を経て50歳で初めて哲人としての教育を完了する。こうした教育課程には、段階ごとに試験を行うことで哲人にふさわしい者を選別する機能も備えられていた。紀元前387年、プラトンはアテネ郊

第1章●前近代の教育思想と教育機関　15

外にアカデメイアという教育機関を設立する。この機関は哲人王を育成することを究極的な目的としており、一部の支配者層が入学を許されるエリート主義的な性格を有していた。

　アカデメイアの学生であり教授も務めたアリストテレスは、従来あいまいにされていた学問の区分を整理した「万学の祖」として知られている。アリストテレスは『ニコマコス倫理学』や『政治学』において、人間にとっての幸福や政治との関係において教育を語っている。人間の幸福は、人間に固有の知性的な能力と倫理的な能力とを発揮することであり、それらを発揮するためにはそれぞれ知性的な徳と倫理的な徳を身に付けなければならない。教育の役割はこれらの徳を身に付けさせることにあったが、アリストテレスの教育論の特徴の一つは実践経験における「反復と習慣づけ」を重んじた点にある。例えば倫理的な徳に含まれる勇気は、勇気を奮う実践経験を通して獲得することができる。加えて、諸徳を有した人々との交流の中でこそ、豊かな実践経験が得られると考えたアリストテレスは、ポリスを有徳の人物が集う共同体とすることを理想とし、こうした共同体をつくることが政治学の目的であると考えていた。

　アリストテレスの教育論において際立っているのが、音楽教育を重視した点である。これは、彼の労働と明確に区別される閑暇（スコレー）を重視する発想に依拠している。近代的な余暇とは異なり、彼にとって閑暇は哲学や音楽などの学問・芸術に取り組み、幸福を実現するために必要不可欠な時間として理解されていた。ソクラテス、プラトン、そしてアリストテレスによってつくり上げられた哲学の伝統は、現世での実用性を超えた普遍的な価値の追求自体を喜びとして捉える学習観を提示するものであった。

第2節　ヘレニズム・ローマにおける教育

1　ヘレニズム時代

　ギリシャ北部に位置するマケドニア王国は、紀元前4世紀後半にその勢力を拡大し、ギリシャのポリスを支配下に収める。同国のアレクサンドロス大王（Alexandros　紀元前356-323）は東方遠征を行ってインド北部からエジプトにまでまたがる帝国をつくり上げた。その後ローマ帝国が成立するまでの時代はヘレニズム時代と呼ばれている。

　アレクサンドロス大王の後継者であるプトレマイオス1世（Ptolemaios I 前367-282）やその子プトレマイオス2世（Ptolemaios II　紀元前308-246）はギリシャ風の体育場や図書館、そして研究施設としての博物館（ムセイオン）を設立した。こうしてギリシャの学問・文化が東方に伝播し、首都アレキサンドリアは地中海世界における学術・文化の中心地となった。

2　古代ローマにおける教育と学校

　ローマは紀元前8～7世紀にイタリア半島を統一して都市国家として成立し、紀元前6世紀に王政を廃止して共和制をとっていた。ローマでは、伝統的に子どもの教育は家庭で行われており、幼児期と少年期の女子は母親が、少年期の男子は父親が育児にあたった。とりわけ家庭内では父親が強力な権限を有しており、読み書きの他に先祖崇拝や農耕技術の教授や戦闘訓練などを施した。紀元前5世紀半ばには、読み書き計算を教える初等教育施設（ルードゥス）が設立されるようになっていたが、これは家庭での教育の補助的な役割を担うにすぎなかった。ローマ人は伝統的に、生産活動や経済活動を重んじる傾向にあり、家計を安定させるために必要な知識技能を身に付けさせることに教育の重点が置かれていた。

　しかし、紀元前3世紀半ばにローマの勢力が拡大し、ヘレニズム文化が流

第1章　●前近代の教育思想と教育機関　　17

入してくると、上流階層の人々の間でギリシャ的な学問や文化への関心が高まってくる。とりわけ、弁論家や法律家、政治家として社会的威信を高めようとする人々にとっては、ギリシャ的教養の獲得が切実なものとなっていた。こうした家庭では、パイダゴーゴスと呼ばれるギリシャ人奴隷を家庭教師として雇って子弟の教育にあたらせた。紀元前2世紀頃にはギリシャ語の文法や弁論術の他、算数、幾何、天文、地理、音楽などを学ぶ文法学校が中等教育段階の教育施設として設立された。また、紀元前1世紀頃には高等教育機関としてより高度な内容を学ぶ修辞学校が設けられた。

　紀元前27年、ローマではアウグストゥス（Augustus 紀元前63-14）が初代皇帝となって帝政が始まり、以後約2世紀の間は著しい繁栄を見せた。それまで、文字の読み書きの学習はあくまで私的な関心にすぎなかった。しかし、帝国が拡大したことで、広範に及ぶ領土を支配していくための法制度や行政組織の確立が急務となると、文字の読み書きの素養を持った官僚を養成する必要性が生じ、帝国は教育に対する関心を高めていく。とりわけ高等教育に対する擁護に尽力し、アウグストゥスをはじめ歴代の皇帝は公立図書館の建設に取り組んだ他、修辞学校経営の援助を行うなどした。

第3節　中世ヨーロッパにおける宗教と教育

1　キリスト教の成立とアウグスティヌスの教育思想

　西洋における中世は、キリスト教の影響力が絶大なものとなり、この時期の教育はキリスト教と密接に結び付きながら展開していくことになる。キリスト教は、1世紀にローマ帝国の支配下にあるユダヤ人社会において誕生した。2世紀にはキリスト教を普及させるべく、異教徒を改宗させる場所として問答学校が開設された。当初は迫害を受けながらも徐々に影響力を拡大し、313年のミラノ勅令によってローマ帝国が公認、392年には国教化される。

ローマ帝国滅亡後も、続いて西ヨーロッパの覇権を握ったフランク王国において、国家統一の精神的な支柱としての役割を担った。

「古代キリスト教最大の教父」とされるアウグスティヌス（Augustinus, Aurelius 354-430）は、絶対的基準としての神との関係において人間およびその教育について把握していた。人間を含む世界のありとあらゆるものは創造主である神による被造物である。中でも「神の似姿」として創られた人間は被造物の頂点に位置している一方で、欲望にとらわれ、自己利益を追求する、神とは似て非なるものともされている。堕落した存在としての人間にとって神は追求すべき理想であり、人間は常にその追求や探求の途上にあるのだという。アウグスティヌスをはじめ、キリスト教の教育思想において教育、あるいは教師の役割は、真理を教えることにではなく、哲学と神学に関する知識や知恵へと生徒を誘い、神の探求へと向かわせることにあると理解されていた。

2　封建社会の成立とキリスト教教育

476 年に西ローマ帝国が滅亡し、西ヨーロッパにおける覇権はゲルマン民族が握っていく。その後、ゲルマン民族によってフランク王国が確立されるまでの 6〜8 世紀の間は封建社会への過渡期とされている。封建制は、国王の直轄地以外を領主たちに分割統治させる国家体制である。この体制は、各領主が家臣に領地の一部を与え、その代償として家臣が領主に忠誠を誓うという主従関係によって成立しているが、この主従関係に正当性を与えていたのがキリスト教であり、フランク王国の支配体制の安定にとってキリスト教の普及は重要課題であった。

キリスト教の教育機関としてまず挙げられるのが修道院である。修道院は、修道士たちが神への祈りと共に、農耕、建築、鍛冶、織物などの労働に従事する共同生活の場所でもあった。当初は反世俗的な性格を有していたが、8 世紀頃になると町の中にも設立されるようになり、人々の生活とも接点を持つようになる。修道院には写本室があり、神学に関わるものに限らず、学芸

全般にわたる書物の写本が行われ、文化の保護に対して大きな役割を担った。

　教区制度の職階における司教のいる教会には、司教座聖堂学校が付設された。聖職者養成を目的としたこの学校では、聖職者の教養としての自由七科（文法、修辞学、弁証学の3学と、算術、幾何学、天文学、音楽の4科）と、専門科目としての神学が学ばれていた。司教座聖堂学校ではやがて、聖職者を目指す者のみならず、それ以外の者も受け入れるようになった。

　フランク王国最盛期の王、カール大帝（Charles the Great 742-814）はキリスト教の国教化を推し進め、王国国民の精神的統一を果たそうとした。そうしたもくろみの下に、まず聖職者の教養を向上させるため、789年に7〜8歳で入学する修道院学校を設立させた。西洋教育史上、カール大帝の果たした仕事として注目されるのが、上記のような聖職者教育のみにとどまらず、万人の子弟を対象とした学校制度の整備を試みた点である。この時期にはキリスト教の寺院組織がかなりの程度整備されており、各教区の寺院や修道院に教区学校や礼拝堂学校と呼ばれる初等学校が付設された。ここでは、ラテン語で書かれたキリスト教のテクストを読み、祈祷ができることを目指して初歩的な読み書きや算数、ラテン語、教会における典礼が学ばれた。従来、支配者層を対象とするにとどまっていた国家的な教育事業は、カール大帝において被支配者層をも対象とするようになった。

3　都市の発達と大学の成立

　中世社会においては、教会付設の教育機関の他に、都市における商業の発達に伴って生じてきた人々の知的関心に応じるかたちで大学が成立する。11世紀以降、農業や手工業における技術革新がもたらした生産性の向上や、全8回に及ぶ十字軍遠征による地中海世界の交通網の発達は、余剰生産物を交換する商業の発展と都市の成長をもたらした。都市における商工業の発展を願う人々は、領主による支配からの解放と都市社会の自治を志向し、法律や裁判、行政に関わる知識を求めるようになった。また、交易の発達によってイスラム圏から医学や化学、数学などに関する知識がもたらされ、人々の高

度な科学的知識への関心が高まった。12世紀頃になると、こうした新しい知識を求めた学生や学者たちが都市に集まり、学苑都市が形成される。イタリアのボローニャやサレルノ、フランスのパリ、イギリスのオックスフォードはその代表である。

　ローマ法の研究に取り組み、学問としての法学の確立に貢献したイルネリウス（Irnerius 1055-1130頃）は、ボローニャにおけるこの頃の代表的な学者である。彼のような学者の下に学生が集まり、学生から授業料を徴収して講義を行った。学者個人によって開かれる、いわば私塾のような学習の場が自然発生的に形成され、学生の方は複数の学者の講義に自由に出入りすることができた。学者の下に集まってくる学生はボローニャ市外からやってきていたために市民権を有していない者も多く、市民との諍（いさか）いが絶えなかった。こうした状況を受け、フリードリヒ1世（Friedrich I 1122-1190）は学生の権利や利益を保護するための勅許状を発した。また、学生たちは出身国ごとに国民団と呼ばれる相互扶助的な組織を形成した。このような組織は同業組合（ギルド）的な性格を持ち、当時ウニフェルシタスと呼ばれ、これが自治的な学問組織としての大学の起源であるとされている。

　大学では14世紀頃になると、自由学芸、神学、法学、医学の4部門による組織構成が確立されてくる。入学者はまず基礎的な課程としての自由学芸を学び、上級に進級すると他の3部門の内容を学んだ。大学における学習方法の基本は、いずれの部門においても共通してテクストの講読と討論であった。講読においては教師によってテクストの読解や注釈が示されたが、そこでは討論につながる「問い」を析出することが重視されていた。討論において学生は、テクスト分析に基づく推論の訓練に取り組んだ。既述の通り、大学は地域を越えた人やモノの交流の中で生じた学習要求に応じる知的組織として成立してきたのであり、したがってそこでの知的活動は自由で開放的な環境の中で展開されていた。

第1章●前近代の教育思想と教育機関　21

第4節 近世の教育思想

1 ルネサンスにおける人間観と教育思想

　ここでは、14世紀に始まるルネサンスおよび16世紀にはじまる宗教改革に着目する。中世から近代への過渡期に位置するこれらの時代の教育思想は、一方でキリスト教的世界観に依拠しつつも、教会による伝統的権威を相対化し、近代以降の教育思想に連なるような発想が生まれてくる。

　ルネサンスは東方貿易や毛織物産業で発展したイタリアのトスカーナ地方において開花し、やがて西ヨーロッパに広がった文芸復興運動である。商業活動によって富を蓄積した上層市民、あるいはそれと結び付いた領主や国王の庇護を受けた学者や芸術家を主な担い手とし、キリスト教における禁欲的な習俗や制度から脱して、世俗的な幸福や人間としての自由な生き方を追い求める志向性を有していた。ルネサンス期に生み出された思想や芸術は、古代ギリシャやローマの古典に依拠しつつ、人間自身の持つ尊厳に向き合うことや、世俗を生きる人間の感情や個性の表現を重視した人文主義（ヒューマニズム）を根本精神としていた。

　「人文主義の王者」として知られるエラスムス（Erasmus, Desiderius 466-1536）は、神との関係性において人間存在を理解する点では伝統的なキリスト教思想を基盤としているが、「神の知性」に類似する「理性」を持った存在として人間を捉え、その自由意志を重視する点に特徴を持つ。こうした人文主義的な立場に立つエラスムスは、体罰によって子どもを奴隷のように扱っている当時の教師を痛烈に批判し、子どもの自由や人格を尊重することや、子どもを惹き付ける教材を用いることなどを主張した。この他にも、子どもを大人とは異なる存在として把握することや、子ども期における好ましい習慣形成を重視することなど、エラスムスの教育論には近代的な教育思想の萌芽が認められる。

2　宗教改革とルターの教育思想

　人間性を重視するルネサンスの思想は、ドイツにおいては、教会の支配によって硬直した宗教の在り方を改革する原動力となった。ルター（Luther, Martin 1483-1546）は、人文主義の影響を受けつつ、原始キリスト教の復興を目指して宗教改革を推し進めた。ローマ教皇による贖宥状の販売や教会の腐敗を批判したルターは、儀礼の遂行や教会への献金ではなく、ただ聖書を通して学ばれる信仰のみによってこそ救いがもたらされると考えていた。

　キリスト教の教義を限られた人々のものだけでなく、すべての民衆に浸透させることが必要だと考えたルターは、聖書のドイツ語翻訳と共に、十戒の教えをはじめ、キリスト教の要点を問答形式でまとめた教理問答書（カテキズム）の作成に取り組んだ。そして、教理問答書や、聖書そのものを読む力を身に付けさせるための学校を、全市民に強制させることを訴えた。ここに、子どもを学校に通わせることを両親の義務とした点や、学校の設置を市政府による公費で賄うべきことなどの義務教育制度の基本原理が打ち出されたのであった。

おわりに

　前近代までの教育の展開を概観すると、人々が学校へ通って教育を受けるという事柄が、現代を生きるわれわれが思っているほど自明なものではなかったことに気づかされる。また、意図的な人間形成の営みが立ち上がってくるプロセスを確認すると、教育が、現代のような権利としてというよりも、支配の道具として期待されてきたことも見えてくる。前近代の西洋社会には、ルターの義務教育論をはじめ、後世に影響を与えた教育思想や理念が認められるが、それらが生起してくる歴史的文脈を検討することで、教育に関する普遍的な問題を批判的に検討する視点を得ることができるだろう。

第 1 章 ●前近代の教育思想と教育機関　*23*

【文献一覧】

長尾十三二『西洋教育史』東京大学出版会、1978 年

稲富栄次郎『ソクラテス プラトンの教育思想』（稲富栄次郎著作集）学苑社、1980 年

スプリング , J.（加賀裕郎・松浦良充訳）『頭のなかの歯車：権威・自由・文化の教育思想史』晃洋書房、1998 年

梅根悟『新装版 世界教育史』新評論、1988 年

今井康雄編『教育思想史』（有斐閣アルマ）有斐閣、2009 年

勝山吉章編著『西洋の教育の歴史を知る：子どもと教師と学校をみつめて』（現場と結ぶ教職シリーズ）あいり出版、2011 年

眞壁宏幹編『西洋教育思想史』慶應義塾大学出版会、2016 年

第2章

人間教育の理念形成

望月ユリオ

はじめに～教育における「経験」を考えるために～

　古代国家において、支配者階級の子弟を対象とした学校が誕生して以降、中世に至るまで学校は主に聖職者や一部の特権階級の人間のためのものであり、各共同体の維持や存続のために必要な能力を教授する場として機能していた。こうした歴史的動向に対して、本章で取り上げる 17～18 世紀という時代は初期近代として位置付けられ、職業や身分に関係なく人間という存在をいかに育てるのか、またそのためにどのような教育を行うかという問題について関心が高まった時期にあたる。では、教育の対象や目的が見直される中、いかなる教育理念が形成されたのだろうか。

　このことを考えるため本章では、17～18 世紀において新たな教育を模索した複数の教育思想家の教育思想を概観するとともに、教育における「経験」が当時いかに考えられていたのかということに注目したい。17 世紀以前特に学校をはじめとした教育の場では、教育者から被教育者に対する一方的な価値体系の伝達や内容の教授がなされたが、対して近代は子どもの経験や体験を重視した教育をいかに行うかということが共通の関心事となっていった。したがってこのことは、前時代とは異なる近代教育の特徴を説明する要点となるといえるが、現代においても教育において経験は重要であるということは自明視されているものの、一歩立ち止まって考えてみれば教育においてなぜ経験が重要なのか、その意味や具体を論じることは容易ではない。本章では歴史的な視点から彼らがいかにこの問題に向き合っていたのかについて、それぞれの教育思想をふまえ考えてみたい。

第1節　近代学校の構想と感覚を通じた学習

1　混沌の17世紀とコメニウスの課題

　まずは、17世紀に人間一般に対する教育の必要を示し、教育史上初めて体系的な教育論を提示したことで知られるコメニウス（Comenius, Johann Amos 1592-1670）を取り上げる。彼は、現チェコ共和国モラヴィア東部に生まれ、フス派ボヘミア同胞教団に属する両親の下幼少期を過ごした。ハイデルベルクで神学を修めた後、1613年には自らも同教団の附属学校で教職に就き、後には牧師も務めている。コメニウスは、しばしば近代教育学の「祖」と評されるが、その由来は現代のわれわれにとっては当然となっている、すべての人間が教育を受けるという普通教育の理念や段階的な学校構想、体系的教授法の提起、教科書の作成といった、近代教育を形作るさまざまな要素を先駆的に打ち立てたところにある。

　コメニウスが教育への関心を高めた要因には当時の社会状況が挙げられ、特に戦争体験は、彼の教育思想の形成に多大な影響を与えたといえよう。彼が生きた17世紀という時代は、科学革命や大航海時代を経たことによる世界地図の書き換えが生じ、それまでの世界を支えたさまざまな価値観の転換期にあった。とりわけ、カトリックとプロテスタントの対立によって生じた三十年戦争はヨーロッパ社会の様相を大きく変化させ、この戦争によりプロテスタント派の教団に属していたコメニウスも迫害され祖国を追われることとなった。失意のうちに各地を転々とする中で彼が抱いた希望は、戦争によって傷付き疲弊した社会状況を打破しヨーロッパ社会を再建することであり、そのための社会改造の方法として見いだしたのが教育であった。そこでコメニウスは、「あらゆる人にあらゆるものを」という教育理念を示すに至ったのだが、以下では彼が唱えたこの理念について確認していこう。

第2章●人間教育の理念形成　**27**

2 「あらゆる人にあらゆるものを」という教育理念

コメニウスが提唱した教育理念のうち、「あらゆる人に」とは、文字通り職業や身分にかかわらずすべての人間を対象とした教育を行うことを指しているが、この意味を理解するには彼の考える神と人間の関係性について論ずる必要がある。コメニウスによれば、人間は神の下では階級や身分は問題にならず皆等しく神の被造物であり、現世は来世で神と共にあるという目的に到達するための準備期間として位置付くという。そして、現世を生きる人間には神から、①学識、②徳行、③敬神という三つの使命が与えられ、この種子が人間には生得的に備わっていると考えられていた。ただし、彼が「教育されなくては、人間は人間になることができない」（『大教授学』〔1〕p.81）と論じている通り、種子の展開には教育という人為的営みが不可欠であり、これによってこそ、与えられた使命の追求、および人間の目的への到達は可能になると述べる。

さらに、コメニウスは「神が人間に青少年期を与えたのは、人間をまさに人間性に向かって形成するためであった」（『大教授学』〔1〕p.90）と述べるように、動物など他の被造物と比較したときの人間の特徴は長い時間をかけて人間性を獲得し人間になっていく点にあると考え、1歳から24歳までを6年ごとに区切り「あらゆる人」を対象とした段階的な学校プランを構想した。それは、①幼児期（1〜6歳）：母親学校、②少年期（7〜12歳）：母国語学校、③青年前期（13〜18歳）：ラテン学校、④青年後期（19〜24歳）：大学の4段階として示されている。

そして、人間が持つ種子を展開させ神から与えられた使命を追求するには、各段階において「あらゆるもの」を学ぶ必要があるとコメニウスは考えた。この発想はこの世界に存在するすべての個別的な出来事は有機的に関連し、神の秩序によって成り立つという考え（「汎知学」〔Pansophia〕）に基づいている。したがって、彼は神が設けた一定の秩序の下整理された知識こそが、教育を受ける段階にあるあらゆる人間が学ぶべき内容であると考え、その習

得を求めたのである。

3 教科書の作成〜文字への参入と直感に基づく認識〜

　上記のような「あらゆるもの」を教えるためにコメニウスが考案した教授方法は、文字による学習と感覚主義という二つの考え方に基づいていた。彼は万人にすべてのことを満遍なく示すには文字を通じた教授が効果的と考えていたが、当時十分に文字を扱える者は一部の人間に限られていたことから、書物としての教科書の作成に関心を寄せていった。特筆すべきは、「あらかじめ感覚の中に存在しないものは、何ごとも理性の中に存在することはありません」（『世界図絵』p.i）という言葉から察せられるように、人間の認識を形成するには文字伝達のみではなく、具体的事物を通じて聴覚や視覚といった人間の感覚に訴える必要があると彼が理解していたことである。コメニウスによるこうした事物主義的な認識論の主張は、17世紀の科学革命の最中、ベーコンによって人間の直接経験や直観を重視した帰納法が示されたことが背景にある。コメニウスもベーコンに影響を受け、学習者自身の感覚を通じた文字内容の理解を促そうとしたのである。

　こうした考えの下着手されたのが、コメニウスの残した仕事の中で最も著名ともいえる世界初の絵入り教科書『世界図絵』の作成である。同書の副題は「世界の事物と人生の活動におけるすべての基礎を、絵によって表示し、名づけたもの」であり、神を中心とした世界を構成する150の項目を、絵と文章の一対一対応で示している。学習者は、これを読むことで神が秩序立てた世界を知り、人間になるために必要な「あらゆるもの」を会得することができるのである。なお、これは初等段階で用いる教科書であるが、青年前期の段階を想定してコメニウスは『遊戯学校』という教材も作成している。同書は『世界図絵』と同様の内容を劇化したものであり、学習者が実際に演じることによる内容の理解および習得が目指されていた。したがって、その方法に差異はあるものの、コメニウスはいずれの段階においても身体的感覚を重視し、それによる物事と概念の結合を目指していたといえる。

第2章●人間教育の理念形成　**29**

第2節　教育の可能性と習慣形成のための経験

1　17世紀イギリスの社会状況と近代市民社会実現のための教育

　続いて17世紀イギリスにおいて、教育における「経験」に関する諸概念を整理したロック（Locke, John 1632-1704）を取り上げる。ロックは、イングランド南西部のサマセット州リントンで生まれ、オックスフォード大学クライストチャーチで哲学、宗教、政治などを学んだ。卒業後は母校で教鞭をとりながら医学を修めるとともに、イギリスの政治家アシュリー・クーパーの秘書を務める傍ら政治論をまとめた。彼の功績は、周知の通り教育以外にも政治、認識、宗教など多岐にわたっており、17世紀を代表する思想家である。

　ロックが生きた17世紀イギリスは、ピューリタン革命や名誉革命といった市民階級主導による改革が進められ、絶対王政の終焉と立憲君主制を基礎とする近代市民社会の成立への転換の時期にあった。その過渡期において、ロックが社会契約説といった市民社会の理論を打ち出したことはすでに知られているところであるが、彼はその中で人間が生来的に保障されている権利（生命・身体・財産を享受する権利＝自然権）が国家や権力によって侵害されることを批判するとともに、自己の自然権の侵害を抑止し保護するには、各人が他者の自然権を同時に認める必要があると考えた。これにより、彼は近代市民社会実現のためには、道徳的かつ理性的で自律的な個人の育成が必要であるという認識に至り、そのための具体的方策として教育に関心を寄せていったのである。

2　教育の対象

　ロックによる教育論の特徴の一つは、コメニウスが社会身分や階層にとらわれず万人に共通する教育の在り方を提示したのに対して、人間教育の必要

性を主張しつつも、ジェントリー階層の子弟と下層子弟の二つに教育対象を区別し、それぞれの教育について別々に論じたことにある。1683 年、秘書として仕えていたクーパーが国王と対立したことによりオランダに亡命したロックは、1684 年から 7 年にわたって親戚にあたるメアリー・ジェップの息子の教育に関する助言を行うため、その夫エドワード・クラークに書簡をあてていた。それをまとめ出版したものが、『教育に関する考察』（1693 年）である。本書では、イギリスの支配層ジェントルマンの子弟に対する教育の目的や、ジェントルマン教育は家庭教育を通じて行われるべきことなどが述べられている。当時、イギリス上流階級の子弟はパブリック・スクールへ入学することが通例とされていたが、そこで敷衍していた子どもの生活とかけ離れたカリキュラムや度重なる体罰は、子どもの徳性や興味を幻滅させていた。こうした状況を批判しロックは、教育権は父親の自然権であると捉える立場に立ち家庭教育の実施を主張するとともに、ジェントルマン教育では、①徳、②思慮分別、③しつけ、④学識を身に付けることを目的に掲げた。なかでも、彼が最も重視したのは徳の体得であり、それは自分自身の欲望の理性的なコントロールを可能にする能力の形成を意味していた。一方、学識の重要性は最も低く位置付けられ、旧来重視されてきた古典や詩ではなく歴史学や法律といった実学的な科目を通じて実務的知識を得ることが望ましいと考えられていた。すなわち、彼はジェントルマン教育を通じて、適当な徳性と実務的力量を持った人間の育成を目指したのである。

　一方で、下層子弟に対する教育はいかに構想していたのだろうか。そもそもロックが下層子弟の教育を考えるに至ったのは、彼がイギリスにおける対外的政策の検討を目的として政府が設置した交易植民委員会の委員を務めたという経験に基づいていた。同委員会ではさまざまな政策の検討が進められていたが、そのうちの一つが貧民対策であり、その一環として彼は 1697 年に下層子弟を対象にした救貧改革の方策として「労働学校」案を提案した。労働学校案そのものは実現しなかったものの、貧民子弟のための教育機会を保障するという提案は教育史上意義ある試みとして位置付けられている。た

第 2 章●人間教育の理念形成　*31*

だし、ジェントルマン教育と比較すると貧民家庭の子どもに対する教育はその様相を異にしており、彼によれば貧困は怠惰な習慣によるものであり、その是正のためには勤勉かつ従順な態度の習慣化が必要であるという。

3　白紙説

ロックがジェントルマン教育と貧民教育という二つの観点から教育を論じたことは、しばしば二重構造もしくは矛盾をはらむものと捉えられてきた。そこでここからは、彼の人間観をふまえて教育が人間の成長に果たす役割を、ロックがどのように理解していたのかを見ていきたい。

ロックの教育論を捉えるうえで重要なキーワードとなるのが、「白紙説」（タブラ・ラサ）である。コメニウスがそうであったように、ロック以前は一定の観念や特性は生来的に内在しているという人間観が一般的であったが、ロックは人間が生まれながらに観念や道徳性を持つという考えを否定した。つまり、彼は子どもは文字が書かれていないまっさらな白紙の状態で生まれてくるという人間観を示し、観念は新たに書き加えられていくと主張したのである。これは、何者からも支配や抑圧を受けず道徳的に生きることを、近代市民社会における理想的な市民像としてロックが捉えていたことに基づいているといえる。

4　経験による習慣形成

では、元々人間に観念は備わっていないとする場合、それはいかに書き込まれていくのだろうか。ロックによれば、観念は行為の反復すなわち、「感覚」と「反省」という二つの精神作用によって成り立つ「経験」によってつくり出されるという。観念や知識は経験に由来するというこうした考えは経験主義と呼ばれ、特にイギリスではロック以降さまざまな人物が彼の思想を引き継ぎながら、イギリス経験論を展開していった。

ロックの経験論において最も重要なことは、新たな観念の生成は次の行動様式すなわち「習慣」（habits）を生み出すものとなると彼が理解していたこ

とである。つまり、人間の考えや行動は、その人に備わっている習慣によって左右されると考えていたのである。ただし、人間は快を求め苦を避けるという傾向性を持つとし、例えば貧民は怠惰な習慣が形成されたことが要因して貧困になったと彼が解釈していたように、子どもは常に望ましい態度や習慣を形成するとは限らない。ロックはその理由を、本来関係のないはずの観念同士を結び付け、新たな観念をつくり出す心理的働きを意味する「観念連合」という考えを用いて説明を試みている。そして、人間は時としてこれによって誤った認識を形成する可能性があるため、彼は教育者による正しい働きかけを通じて、子どもたちに適切な認識とそれに伴う好ましい習慣の形成を促すことの必要性を説いた。

　したがって、ジェントルマン教育、貧民教育共にその様相は異なっていたものの、そのどちらにおいても、彼の目的は自律的な人間形成のため適切な経験によって適切な習慣を形成することにあったといえる。さらに特筆すべきは、先述した通り、人間活動に不可欠な諸能力としてロックが欲望や感情をコントロールする能力を指す徳性を重視し、それに比べて学識の重要性を最も低く捉えていたように、彼は経験を通じて得られた知識の分量ではなく、観念や知識を獲得する能力そのものを重視していたことである。この意味については本章第4節にて論じたい。

第3節　消極教育と生活に基づく経験

1　自然状態への回帰

　最後に取り上げるのは、ロックの登場から少し時代を下った18世紀に活躍し、後世に多大な影響を与えた人物として位置付けられてきたルソー（Rousseau, Jean-Jacques 1712–1778）である。彼は現スイス・ジュネーブに生まれ、16歳から始まった放浪の旅の途中行き着いたパリで多くの知識人と

交流を持ち、哲学、政治、文学など、諸方面で活躍した。

　ルソーが青年期を過ごした18世紀後半、フランスではキリスト教会に代表される伝統的権威の批判と、人間の理性への全面的な信頼、それをよりどころにして社会変革を図ろうとする啓蒙思想が全盛期を迎えていた。人間の理性をよりどころにするということは、人間によって生み出された学問や芸術を善とすることを意味し、教育においても人間が創造した学問的知識や文化習慣に基づく自律的人間の形成が目指されていた。一方でルソーは「われわれの学問と芸術とが完成に近づくにつれて、われわれの魂は腐敗した」（『学問芸術論』p.19）と論じるように、むしろ学問や芸術こそが旧来権威や欲望、悪徳と結び付き、人々の間に対立や争いを生み、自律的人間形成を阻害してきたことを指摘している。こうした考えに基づいて彼は、人間は生来的に正しく生きる力を持つという人間観の下、必要以上のものを欲したり他人と比較したりせず、自分自身に満足したうえで他者と共に生きることのできる文化文明成立以前の「自然」（nature）状態へと回帰する必要性を示した。

　しかし、すでにさまざまな文化が成立しそれが人間の生活と不可分になっている現在において、前時代的な状態へと回帰することは現実的に不可能である。そこで、ルソーは自然状態を保持した人間をいかに育てるかということを課題とし、子どもの発見と消極教育という教育史上重要な概念に基づく自らの教育論の提示を試みるに至ったのである。

2　子どもの発見

　自然状態に基づく教育を考えるうえで、ルソーはその方法を決定するに先立ち教育の対象となる「子ども」という存在そのものに着目した。近代教育思想史上、ルソーの思想が画期的であり後世に影響を与えたと考えられているのは、彼がこの子どもを「発見」したことに由来している。もちろん、原始時代や古代において入社式が執り行われたり、共同体の存続に寄与する青年の養育が試みられたりしていたという点から見れば、ルソー以前より子どもの存在自体は了解されており、彼が初めて子どもという存在を発見したと

はいえない。では、彼の特質はどこに見いだせるのであろうか。そもそも近代以前、子どもは大人と同じ格好をし、同じ仕事に従事していたことから「小さな大人」と捉えられ、身体的・心理的に量的な差異はあるものの、大人と同じ性質を持つ存在と考えられてきた。こうしたまなざしが子どもに向けられてきたことに対してルソーは、主著『エミール』の序文で「人は子どもというものを知らない。子どもについてまちがった観念をもっているので、議論を進めれば進めるほど迷路にはいりこむ。[中略] かれらは子どものうちに大人をもとめ、大人になるまえに子どもがどういうものであるかを考えない」(『エミール』〔上〕p.18) という言葉を残している。つまり、彼は子どもとはいかなる存在であるのか、言い換えれば、彼らはどのような特質を持った存在であるかということが旧来考えられてこなかったことを指摘したのである。

そのうえでルソーは子どもには特有の物事の認識の仕方や身体的な特性があること、そのため、大人とは異なる働きかけや関わりが必要であることを示し、その固有性について発達論をふまえて論じている。

3　子どもの固有性と発達

ルソーは子どもの発達成長のプロセスを以下のように五つに分類し、その特質を整理している。それは、①乳幼児期 (0 ～ 1 歳)、②児童期・少年前期 (2～13 歳)、③少年後期 (13～15 歳)、④青年期 (15 歳～20 歳頃)、⑤成人期 (20 歳以降) である。各時期の身体的特質や認識の特徴は『エミール』において詳細に論じられているが、共通点として子ども時代における彼らの関心は、主に自分自身に関係があることに限ることを指摘している。

さらに、ルソーは「わたしたちは、いわば、二回この世に生まれる」と述べ、成長の五つの段階を大きく二つに区分した。その境は「まさにわたしたちの教育をはじめなければならない時期」、すなわち④青年期にあると説いており、二つの区別は自己の幸福や利益を考え生きる、いわゆる自然人として生きる時期 (①～③) と、「人間はひとりで生きるようにはつくられてい

ないことを感じはじめ」、理性的道徳的な市民へと変化する時期（④〜⑤）にわけられている（『エミール』〔中〕pp.5-7、p.24）。一見矛盾する、人間の形成と市民の形成をいかに両立するかということは、ルソーにとって人間形成を考えるうえで一貫した課題であり、彼は子どもの成長を考える中でこの両立がいかになされていくかを明確にしたといえる。ただし、青年期からの変化は単に個人を社会に適応させることを意図していたわけではなく、市民として存在することは困難を伴いつつも一人の人間としての幸福を享受し自由に生きることを可能にするという考えが前提となっていた。

4　消極教育

　上述のような特性を持った子どもの自然性を阻害せず、それに基づいた教育を展開するため、ルソーが構想した具体的な教育方法が「消極教育」である。それはすなわち、大人の価値体系を一方的に伝達したり不用意に干渉したりすることなく、子どもが自己と他者双方にとっての利益を考えながら何を行い、何を行わないべきかを自分自身で決定できるよう、子どもたちを保護し発達に即した要求に応じて必要な手立てを講じることを意味していた。ただし、これは単なる放任とは異なる。例えば、ルソーは著書に登場する主人公の少年エミールが窓ガラスを壊した際、「窓ガラスを壊してはいけません」と注意したり、修理したりすることはしないと述べる。その結果、エミールは窓ガラスを割ると室温が低下し不具合が生じることを実感するに至る。ルソーはこうした状況について、罰は子どもの行動の「自然の結果」として与えられるようにすべきことを説く。したがって、子どもが真に道具や物事の意味や必要性を理解するには、大人による不自然な言葉や関わりを排除したうえで、子どもにとっての必然的な状況が生起するよう、環境や場・条件を整えるという形で教育者が消極的な教育を行う必要があると考えたのである。

第4節 「経験」に対する三者の差異

　コメニウス、ロック、ルソーの教育思想を概観したが、近代の中でも特に社会の転換期にあった17〜18世紀という時代は、教育による人間形成の可能性が明確に示され、それは書物や口頭による一方的な伝達によらず、子ども自身の身体や感覚に依拠した経験によってこそ実現できるという共通の理解に基づいていたことが確認できた。

　ただし、何をどのように経験するかということは、三者それぞれに異なっていた。コメニウスは、神が秩序立てた世界のすべての事柄を書物にまとめ、その内容を事物と身体感覚を通じて感知すべきと論じた。対して、ロックは白紙状態にある子どもが新たな観念を得るために感覚と反省によって構成される経験が重要であると考えた。特筆すべきは、彼は経験によって得られた知識の量を問題とせず、好ましい習慣形成のために誤りない適切な観念の獲得を可能とする能力そのものの形成を重視したこと、言い換えれば形式陶冶の発想を提示したことである。これは、コメニウスによる百科全書的な知識の習得とそのための経験の必要性を唱える考えとは相反するものであった。そして、ルソーは子どもの固有性と発達の特性に応じた教育を行うべきことを説き、子ども自身が生活を営む中で必然的に現れる課題との対峙やその解決の試行が、自然状態を維持した人間を育てるために必要な経験と捉え、それを阻害しないよう援助を行うことを教育者の役割とした。

おわりに

　近代における人間教育への教育的関心の高まりと展開は、人間は外部からの何らかの刺激や関わりによって変化することが可能であり、既存の価値や第三者によって定められた生き方に縛られず、自律的に生きることができるという、いわば人間という存在の可能性への期待に下支えされていたといえる。それに伴い、その時々の時代背景や社会状況に応じた教育理念が示され

るとともに、教育者が被教育者に対して必要と考える学習内容やそれを習得するための適切な経験が思索され、現代においても共通する教育の在り方の基礎が築かれた。ところが、これは人間が成長可能な存在であるという希望を示す一方で、教育者が必要な経験を取捨選択し、子どもを外的な力によって操作可能な対象と捉える見方を強固にしたと評価することもできる。

　ただし、教育が目的的営みである以上そこに教育者の意図は介入せざるを得ない。だからこそ現代に生きる私たちは、人間教育に不可欠な経験とは何であり、それは何を根拠に選択されたものであるのかを、問い直しながら、教育という営みに向き合うことが必要なのではないだろうか。

【文献一覧】

石橋哲成・佐久間祐之編著『西洋教育史 新訂版』玉川大学出版部、2019 年

岩田朝一『ロックの教育思想』学苑社、2017 年

今井康雄編『教育思想史』（有斐閣アルマ）有斐閣、2013 年

勝山吉章・江頭智宏・江玉睦美・藤井利紀・松原岳行『いま、教室に生きる
　　教育の思想と歴史』あいり出版、2023 年

勝山吉章編著『西洋の教育の歴史を知る：子どもと教師と学校をみつめて』（現
　　場と結ぶ教職シリーズ）あいり出版、2019 年

川島清吉編著『〈新訂〉教育史要説』東洋館、1985 年

コメニウス , J.A.（鈴木秀勇訳）『大教授学』〔1・2〕（世界教育学選書）明治
　　図書出版、1962・1966 年

コメニウス , J.A.（井ノ口敦三訳）『世界図絵』ミネルヴァ書房、2012 年

田中耕治・鶴田清司・橋本美保・藤村宣之『新しい時代の教育方法 改訂版』（有
　　斐閣アルマ）有斐閣、2019 年

沼田裕之『ルソーの人間観：『エミール』での人間と市民の対話』風間書房、
　　1980 年

原聡介・宮寺晃夫・森田尚人・今井康雄編著『近代教育思想を読みなおす』
　　新曜社、1999 年

アリエス , P.（杉山光信・杉山恵美子訳）『〈子供〉の誕生：アンシァン・レジー
　　ム期の子供と家族生活』みすず書房、2013 年

藤井千春編著『時代背景から読み解く西洋教育思想』ミネルヴァ書房、2019 年

古沢常雄・米田俊彦編『教育史』（教師教育テキストシリーズ）学文社、2009 年

ルソー , J.J.（今野一雄訳）『エミール』〔上・中・下〕（岩波文庫）岩波書店
　　1962–1964 年

ルソー , J.J.（前川貞次郎訳）『学問芸術論』（岩波文庫）岩波書店、1968 年

ロック , J.（服部知文訳）『教育に関する考察』（岩波文庫）岩波書店、1967 年

第 3 章

近代公教育の形成

上原秀一

はじめに

　公教育とは何だろうか。『広辞苑』第七版には次のような語釈がある。「公的関与のもとに、広く国民に開放された教育。公費でまかなわれるものに限っていう場合もある。」。また、中澤渉は著書『日本の公教育　学力・コスト・民主主義』で「公教育」を次のように定義している。「公教育とは、一部もしくは全体が公費によって運営され、広く一般国民が受けることのできる学校教育を指す。」（『日本の公教育』p. ⅱ）。公教育の対義語は私教育である。公的関与のないところで親や塾・家庭教師によって行われるのが「私教育」である。

　日本の法律では、「公教育」という語は用いられていない。しかし、教育基本法の第6条第1項には、「法律に定める学校」に「公の性質」があることが、次のように定められている。「法律に定める学校は、公の性質を有するものであって、国、地方公共団体及び法律に定める法人のみが、これを設置することができる。」。現在の日本では、公教育は「公の性質」を有する「学校」において行われているのである。この「学校」には、「国」が設置する国立学校、「地方公共団体」が設置する公立学校、「法律に定める法人」（学校法人）が設置する私立学校が含まれる。

　近代公教育の三原則といわれるのが、義務・無償・中立である。義務と無償の原則は、日本国憲法第26条と教育基本法第5条に定められている。「義務教育」というときの「義務」は、憲法第26条では、「子女」の「教育を受ける権利」を保障するために保護者に課された義務のことである。同じく憲法第26条では、この義務教育を「無償」とすることが定められており、教育基本法第5条はこの規定を根拠として国公立学校での義務教育で授業料を徴収しないことを定めている。中立の原則は、教育基本法において、第14条で政治的中立の原則が、第15条で宗教的中立の原則が、それぞれ定められている。

　こうした日本の公教育は、明治期以降、歴史的な変遷を経て形成されてき

たものである。明治政府の公教育政策は、アメリカ、フランス、ドイツの制度を参考にして形成された。本章では、これら3か国にイギリスを加えた米英仏独の欧米主要4か国において近代公教育が形成された過程を制度と思想の両面から考えたい。近代公教育の制度は、18世紀以降の欧米諸国においてどのように形成されたのだろうか。また、近代公教育制度の形成はどのような思想によって支えられていたのだろうか。

第1節　近代公教育形成の背景

　欧米主要4か国において近代公教育の制度が形成されたのは19世紀後半のことである。一方、日本初の近代公教育制度である「学制」が制定されたのも19世紀後半、1872（明治5）年のことである。したがって、近代公教育制度は、日本と欧米主要国とでほぼ同時代に形成されたということができる。しかし、欧米主要国の近代公教育にはこの時期に先立つ長い歴史がある。まず、18世紀の歴史から近代公教育形成の背景を知ろう。

1　イギリス産業革命とアメリカ独立革命

　イギリスは、17世紀の市民革命によって、他のヨーロッパ諸国に先駆けて君主の専制支配を脱し、議会制を確立した。市民の自由な経済活動が生まれ、工場制手工業（マニュファクチュア）による毛織物産業が発展した。その後、17世紀末には世界貿易の覇権争いで優位に立ち、インドとの間で綿糸・綿織物の貿易を発展させた。その結果、毛織物から綿織物への産業の転換が起こった。18世紀には紡績機・織機の技術革新が進み、綿工業の分野で大規模な機械制工業が発展した。機械工場では石炭を燃料とする蒸気機関が用いられるようになり、子どもも工場や鉱山で働くようになった。長時間・夜間に及ぶその労働条件は大人の労働者と同様に過酷であった。産業革命期には日曜学校が発達し、子どもに宗教と読み書きが教えられるようになった。

第3章 ●近代公教育の形成　43

しかし、民衆全体を対象とする公教育が成立するのは、児童労働が制限され、平日に児童が学校で教育を受けるようになってからのことである。

　アメリカ合衆国は、17 世紀前半から北米大陸東部海岸沿いに建設された13 のイギリス植民地が、1783 年に独立して成立した。イギリス本国による一方的な課税強化に対して植民地側が反発したのをきっかけに、1775 年に独立戦争が始まり、1783 年のパリ条約で独立が承認された。この過程で、植民地側は、1776 年に独立宣言を公布し、すべての人は平等につくられ、生命・自由・幸福追求の権利を持つことを訴えた。

2　フランス革命

　フランスでは、1789 年 7 月 14 日にフランス革命が起こり、君主の専制支配と身分制社会を特徴とする旧体制（アンシャン・レジーム）が崩壊した。同年 8 月 4 日には人権宣言が採択された。人権宣言では、「人間は自由かつ権利において平等なものとして生まれ、また、存在する。」として、人間の自由と平等が唱えられた。旧体制への批判に力を与えたのは、18 世紀に発展した啓蒙思想であった。「啓蒙」とは、理性の光で偏見の闇を照らす思想という意味である。後述する通り、フランス革命議会でも活躍した哲学者のコンドルセは、フランス啓蒙思想を代表する思想家である。

　革命後に成立した議会では、新しい社会の在り方をめぐって、穏健なジロンド派と急進的なジャコバン派とが激しく争った。人権宣言にある「自由」と「平等」の理念を両立させるうえで、比較的裕福な商工業者が支持するジロンド派は自由を重んじる傾向にあった。貧しい農民が支持するジャコバン派は平等を重んじる傾向にあった。教育制度の在り方をめぐっては、ジロンド派のコンドルセとジャコバン派のルペルティエが対照的な構想を示した。

3　ドイツの啓蒙専制君主

　18 世紀のドイツ（神聖ローマ帝国）は、大小の領邦が分立した状態にあった。領邦の一つであるプロイセンは、17 世紀半ば以降、急速に成長し、18

世紀には帝国内でオーストリアに次ぐ強国となった。18世紀半ばにプロイセンを治めたフリードリヒ2世（Friedrich II 1712-1786 ／在位1740～1786年）は、フランス啓蒙思想の感化を受けた専制君主の一人であり、啓蒙専制君主と呼ばれる。

　西欧諸国に遅れをとったドイツや東欧では、国の発展のために君主自らが合理的な先端知識を取り入れる「上からの改革」が必要だった。公教育に関しては、フリードリヒ2世は、1763年に「一般地方学事通則」を公布し、世界で初めてすべての国民に就学義務を課したことで知られている。これは、軍隊増強のために、民衆にも読み書き能力を身に付けさせることを狙った政策である。ここでいう「就学義務」は、今日の日本でいうような「教育を受ける権利」を保障するための保護者の義務とは異なるものである。君主に対する民衆の義務として教育を受けることが定められているからである。

第2節　近代公教育の形成

　イギリス産業革命、アメリカ独立革命、フランス革命を経た19世紀の欧米主要国においては、公的関与の下に広く国民に開放された近代公教育が次第に形成されていく。イギリスでは、1802年の工場法を出発点とする過程を経て、1870年に初等教育法が制定される。アメリカでは、1836年のマサチューセッツ州少年労働法に始まり、1864年以降に各州で義務就学令が制定される。フランスでは、1804年のナポレオン帝政期から1870年の第三共和政期にかけて公教育が普及・拡大し、1881年と1882年の教育法によって近代公教育制度が確立する。ドイツでは、1850年のプロイセン欽定憲法で、子どもに公立学校で教育を受けさせることを保護者に義務付ける教育条項が置かれた。

1　イギリス〜1802 年工場法から 1870 年初等教育法まで〜

　産業革命が進んだ 18 世紀末のイギリスでは、工場で働く子どもの労働条件を改善するための工場法が 1802 年に制定された。これは世界初の工場法といわれるものである。この法律には、国家の監督権が認められておらず実効力に乏しかったが、1833 年に新たに定められた工場法によって国家の監督権が認められることとなった。後述するオーエンは、この時期に工場主の一人でありながら子どもの労働条件を改善することに努めた人物である。

　1833 年工場法では、年少者の労働時間を制限するとともに、14 歳未満のすべての児童を、週 6 日間、毎日最低 2 時間、強制就学させることが規定された。しかし実際には、工場法によって教育が国民の間に十分に普及するには至らなかった。義務教育制度が整備されておらず、十分な数の学校が設立されていなかったからである。

　1870 年の初等教育法とその改正法である 1876 年法によってようやく、5〜14 歳の児童に対する親の教育義務が初めて明記される。さらに、1891 年の教育法によって、初等学校で授業料が無償となる。こうして、産業革命から 100 年以上を経て、イギリスの近代公教育が形成された。

2　アメリカ合衆国〜各州における義務就学令〜

　独立後のアメリカは、西方に領土を拡大し、西部地域の開拓を進め、1848 年にはカリフォルニアを獲得して西海岸に到達した。その間、1830 年頃に産業革命が急速に進行し、工場における少年労働が生み出された。1836 年にはマサチューセッツ州が、アメリカ最初の少年労働法を制定し、15 歳未満の児童を工場で使用する場合、一定の就学を条件とした。公教育制度が具体的に形成され始めるのは、この時期以降のことである。

　1852 年にマサチューセッツ州はアメリカ最初の義務就学令を制定した。後述する政治家のマンは、1837 年から 1848 年までマサチューセッツ州教育委員会の初代教育長として活躍し、この義務就学令の制定に貢献した。そし

て、南北戦争（1861〜1865 年）以後、公教育制度が各州に普及していった。義務就学令は、1864 年から続々と制定され、1900 年頃までには北部および西部のすべての州が義務就学を規定し、1918 年に最後のミシシッピ州が制定した。

3　フランス〜ナポレオン学制からフェリー法まで〜

　フランス革命の後、19 世紀初頭のナポレオン帝政期（1804〜1815 年）には、ナポレオン学制と呼ばれる中央集権的な教育行政組織が確立する。全国を大学区（アカデミー）に区分し、各大学区をさらに中学区に区分する階層的な構造を持つ教育行政組織である。日本で 1872（明治 5）年に「学制」が公布された際に、明治政府が模範としたのはこのような中央集権的なフランスの教育行政組織であった。

　19 世紀後半に始まる第三共和政期（1870〜1940 年）には、フェリー公教育大臣（Ferry, Jules 1832-1893）によって、初等教育の無償に関する 1881 年法と初等教育の義務と世俗性（宗教的中立性）に関する 1882 年法が制定された。これら二つの法律を合わせてフェリー法と呼ばれる。これらの法律によって、フランスでは義務・無償・中立の原則を備えた国民全体を対象とする近代公教育が成立した。後述する社会学者のデュルケムが活躍したのはこの時代である。デュルケムは、世俗性の原則の下で宗教に頼らずに道徳教育を行うにはどうしたらよいかという問題を考えた。

4　ドイツ〜プロイセン欽定憲法〜

　ドイツは、19 世紀に入るとフランスのナポレオンによる侵略を受けて、1806 年からその占領下に置かれる。後述する通り、この占領期に哲学者フィヒテが「ドイツ国民に告ぐ」という連続講演を行い、愛国心を鼓舞して、国民教育の必要性を訴えた。その後、1814 年にナポレオンは敗れ、ドイツは占領から解放された。オーストリアやプロイセンなど 35 の君主国と 4 の自由市で構成されるドイツ連邦が組織された。

第 3 章 ● 近代公教育の形成　47

1850 年にはドイツの大国プロイセンで欽定憲法（君主の命令で制定する憲法）が定められた。プロイセン欽定憲法には、子どもに公立学校で教育を受けさせることを保護者に義務付ける教育条項が置かれていた。1889（明治22）年に大日本帝国憲法を制定した際に明治政府が模範としたのは、このプロイセンの欽定憲法である。その後の教育政策においても明治政府はドイツ各邦の初等教育制度を模範とした。

首相ビスマルクが治めるプロイセンは、オーストリアとの普墺戦争、フランスとの普仏戦争にいずれも勝利し、1871 年にはドイツ帝国を成立させた。ドイツ帝国では、教育に関する権限は従来どおり各邦に委ねられることとなった。ドイツ全体に共通する国民教育の構想が具体的に示されるのは、第一次世界大戦後にワイマール共和国が成立する 1919 年以降のことである。

第3節　近代公教育の形成を支えた思想家たち

これまで見てきた通り、欧米主要国の近代公教育は、各国の政府がそれぞれの諸課題に対応する過程で形成されてきた。こうした各国政府による近代公教育の形成に影響を与えた思想家たちがいる。フランスのコンドルセとルペルティエ、ドイツのフィヒテ、イギリスのオーエン、アメリカのマン、フランスのデュルケムである。彼らの思想は、公教育の在り方を考えるために知っておく価値がある。

1　コンドルセとルペルティエ

フランス革命議会において、ジロンド派の代表である啓蒙主義の哲学者コンドルセ（Condorcet, Marie Jean Antoine Nicolas de Caritat, marquisde 1743-1794）とジャコバン派の代表である法律家ルペルティエ（Lepeletier, Louis Michel, marquis de Saint-Fargeau 1760-1793）が、教育における自由と平等をめぐってそれぞれ対照的な思想を表明した。

コンドルセは、革命議会の「公教育委員会」に所属して将来の公教育の在り方を検討した。彼は、1791 年の報告書で、「公教育は知育のみを対象とすべきである。」（『公教育の原理』p.31）と述べている。一方、ジャコバン派のルペルティエは、これに反対して、1793 年に「真に全員のものである国民的な徳育を要求する。」（『フランス革命期の公教育論』p.172）と述べている。二人の主張の違いはどこから来るのだろうか。

　コンドルセが「知育のみ」と主張するのは、知育は途中の段階で習得をやめても有益だが、徳育は完全なものでなければならず、途中でやめると有害になると考えているからである。小学校までしか通わない人々と、大学まで通う人々がいたとしても、知育に関してはいずれも社会の役に立つが、徳育は途中の学校段階でやめるというわけにはいかないということである。そして、子どもの徳育は親の自然権に属すので、公教育ではなく親が担うべきだとも言う。また、次世代の思想の自由を守るためにもこの配慮が必要だとしている。

　一方、ルペルティエは、知育は「職業や才能の違いのゆえに社会の少数の人々の独占的な財産である。」（『フランス革命期の公教育論』p.171）とし全員に共通で全員に利益をもたらす徳育をこそ公教育が担うべきだと主張している。そして、5〜12 歳の男児と 5〜11 歳の女児を「公立学寮」に入れて、「平等という聖なる法律のもとで、全員が同じ衣服を着用し、同じ食事を取り、同じ教育と同じ配慮を受ける」（『フランス革命期の公教育論』p.177）ようにすることを提案している。要するに、コンドルセは自由主義を、ルペルティエは平等主義を、それぞれ公教育論に展開したのだといえるだろう。

2　フィヒテ

　19 世紀初頭のナポレオンによるドイツ占領という危機に際して、哲学者のフィヒテ（Fichte, Johann Gottlieb 1762-1814）は、「ドイツ国民に告ぐ」（1807〜1808 年）という連続講演で愛国心を鼓舞して、国民教育の必要性を訴えた。フィヒテは、カント（Kant, Immanuel 1724-1804）からヘーゲル（Hegel,

Georg Wilhelm Friedrich 1770-1831）に至るドイツ観念論を代表する哲学者である。ドイツ観念論（理想主義）は、世界を精神（観念）の現れと捉え、現実よりも観念や理想に価値を置くことを特色とする思想的立場である。

フィヒテは、「ドイツ国民に告ぐ」の中で、外国の支配という危機に際して、長年分裂してきたドイツ人が、国民としての統一を回復する必要があると訴えた。そして、「およそドイツ人であるすべての者に例外なく、新しい教育をもたらすこと、これこそ、いまわれわれに残されている唯一の途であります。この新しい教育は、ある特定の階級の教育ではなくて、およそドイツ人であるもの、個々の国民に例外なく与えられるところの国民教育であります。」（『ドイツ国民教育論』p.24、傍点は原文のとおり）と述べ、新しい「国民教育」の必要性を主張した。

フィヒテの唱える新しい「国民教育」は、子どもを大人の社会から完全に隔離して、教師と子どもだけで共同生活を送るという方法で行われる。それは、「毒気に満ちた」（『ドイツ国民教育論』p.130）社会環境から子どもを守って、共同生活の中で理想的な社会秩序を、生徒自らが生み出していけるようにするためであった。フィヒテは、このように社会変革のための「国民教育」を構想した。フィヒテの教育思想は、次章で扱うヘルバルトによって批判されることとなる。

3　オーエン

イギリス産業革命後の都市では、大工場を経営する資本家が巨万の富を築く一方で、労働者は低賃金、長時間労働、不衛生な職場環境など、劣悪な労働条件の下で非人間的な生活を強いられた。工場主オーエン（Owen, Robert 1771-1858）は、人道主義的な立場からこのような資本主義を鋭く批判した。彼は、1798～1825年、イギリス北部ニューラナークの紡績工場の経営者として、労働者の労働条件と生活環境の改善を試みた。

オーエンは、主著『性格形成論』（1813年）において、「人間の性格は例外なしに常に彼らの意志の及ばぬところで形成される。」（『性格形成論』p.62）

と述べ、労働者の道徳的堕落を本人の責任に帰する当時の常識を批判した。そして、「労働諸階級の訓練と教育のための国民的制度がただちに整備されねばならない。」(『性格形成論』p.105)と訴えた。1816年には、ニューラナークの工場に子どもや若者の教育のための「性格形成学院」を開設して、自らの思想を実践に移した。

オーエンは、1825〜1827年、アメリカ・インディアナ州のニューハーモニーで理想的な共同体の建設を試みた。この試みは失敗に終わってイギリスに帰国したが、その後、オーエンらの運動によって、1833年に工場法の制定に至る。しかし、オーエンの思想は、資本主義を科学的に分析する方法に欠けていたため、後にマルクス(Marx, Karl 1818-1883)らによって空想的社会主義者と批判されることになる。

4　マン

19世紀半ばにアメリカ・マサチューセッツ州の初代教育長として活躍したマン(Mann, Horace 1796-1859)は、万人に開かれた無償の公立学校である、コモン・スクール(普通学校)の制度の確立を目指していた。しかし、富裕層の中には、無償の公立学校を設立・維持するための税負担に反対する風潮が根強かった。そのため、マンは、『コモン・スクール雑誌』の発行や、教育委員会への12回の年次報告書(「第12年報」)の提出などを通じて、自らの公教育論の普及を図り、富裕層に税負担を受け入れさせるための説得を試みた。

マンの公教育論には二面性があったといわれる。一つの側面は、学校のための税負担を、すべての子どもの自然権に基づく社会全体の当然の義務として説明する側面である。これは、『第10年報　マサチューセッツ教育制度論』(1846年)における「神の意志は、生を享けるすべての子どもの教育権を、自然法および正義の基礎の上に位置づけたのである。」(『民衆教育論』p.19)という説明に見ることができる。このような説明を自然権論による説明と呼ぶことができる。

第3章 ● 近代公教育の形成　*51*

もう一つの側面は、学校教育がもたらす経済的効果から税負担の必要性を説明する側面である。この側面は、『第5年報　教育不平等論』（1841年）における「教育のない労働者よりも教育のある労働者の方が生産力において驚くべき優秀さをもっている。」（『民衆教育論』p.54）という説明に見ることができる。このような説明を功利主義による説明と呼ぶことができる。このように、マンは、自然権論と功利主義という二つの側面からコモン・スクールの必要性を訴えたのである。こうした公教育思想が、南北戦争後のアメリカ全土における公教育制度の普及を支えていくことになる。

5　デュルケム

　デュルケム（Durkheim, Émile 1858-1917）は、19世紀後半に始まるフランス第三共和政の時代に活躍した社会学の創始者である。デュルケムは言う。「われわれは、学校において純粋に世俗的な道徳教育を児童に施そうと決心した。この世俗的教育は、啓示的宗教を支えている諸原理の援用を禁止し、もっぱら唯一理性によって主宰される観念や感情や実践に力点をおく。（中略）この重大な刷新は、当然ながら、既存の観念や習慣を動揺させ、われわれの教育方法の再編成を要請し、ひいては、深く考慮すべきあらたな諸問題を提起せずにはおかなかった。」（『道徳教育論』p.47）。

　すでに述べた通り、第三共和政期に定められたフェリー法は、公教育の中立性を世俗性（宗教的中立性）として規定した。それまでフランスの道徳教育はカトリック教会によって担われてきた。これに対して、フェリー法は、宗教と切り離した公教育を構想したのである。デュルケムが「深く考慮すべきあらたな諸問題」と言っているのは、「啓示的宗教」に頼らずにもっぱら「理性」に頼って行う新しい道徳教育であった。この新しい道徳教育を学校はどのように担うべきかという問題を論じたのである。

おわりに

　本章では、米英仏独の欧米主要4か国における近代公教育の形成を制度と

思想の両面から見てきた。欧米の近代公教育は、明治期に始まる日本の近代公教育にも多大な影響を与えた。このため、今日においても、これら各国の公教育について研究する価値がある。米英仏独の4か国では、イギリス産業革命、アメリカ独立革命、フランス革命を経て、それぞれに特徴のある近代公教育が確立した。

　近代公教育の形成は、各国のどのような課題に応えるものだったのだろうか。工場における児童労働を抑制・解消して子どもの生存を保障するという課題がある。近代社会における自由と平等の理念を教育において調和させるという課題がある。遅れた国力の発展を取り戻すという課題がある。国民としての統合を果たすという課題がある。こうした諸課題が各国の公教育制度にどのように反映しているか、読者にはさらに研究していただきたい。

　また、欧米主要4か国の近代公教育の形成を支えた思想家として、イギリス産業革命期のオーエン、アメリカ合衆国成立期のマン、フランス革命期のコンドルセとルペルティエ、ドイツ啓蒙専制期のフィヒテ、フランス第三共和政期のデュルケムを紹介した。それぞれの思想家の著作を読んで、その思想が解決しようとした課題についてさらに研究していただきたい。

第3章 ● 近代公教育の形成　53

【文献一覧】

オーエン , R.（斎藤新治訳）『性格形成論：社会についての新見解』（世界教育学選集）明治図書出版、1974 年

コンドルセ（松島鈞訳）『公教育の原理』（世界教育学選集）明治図書出版、1962 年

コンドルセ他（阪上孝編訳）『フランス革命期の公教育論』（岩波文庫）岩波書店、2002 年

世界教育史研究会編『義務教育史』（世界教育史大系）講談社、1978 年

デュルケム , É.（麻生誠・山村健訳）『道徳教育論』（講談社学術文庫）講談社、2010 年

中澤渉『日本の公教育：学力・コスト・民主主義』（中公新書）中央公論新社、2018 年

フィヒテ , J.G.（椎名万吉訳）『ドイツ国民教育論』（世界教育学選集）明治図書出版、1970 年

マン , H.（久保義三訳）『民衆教育論』（世界教育学選集）明治図書出版、1960 年

第**4**章

近代教授法の成立

宮野 尚

はじめに

　学校教育において教師は、子どもが多様な経験を通して成長発達できるように教材や活動を組織する役割を担う。その学習活動を組織する方法は、一般的に教授法と呼称される。今日では、問題解決型学習や完全習得学習などといった多種の教授法が開発され、教室内で利用可能なモデルとして普及している。その前提には、教授法の意義は誰もが利用できる教育技術にあるという考え方が存在するだろう。

　一方で、近代学校が普及する中で、いち早く民衆教育の方法を開発した先駆者たち（ペスタロッチやヘルバルト）は、機械的な教育技術として教授法が理解されることを批判的に捉えていた。では彼らは、どのような想いで教授法を開発したのか。本章では、ペスタロッチ、ヘルバルトとその弟子たちに注目して、近代教授法の理念を探っていきたい。

第1節　ペスタロッチによる合自然的な教授法の模索

1　ペスタロッチの問題意識

　ペスタロッチ（Pestalozzi, Johann 1746-1827）は、1746 年にスイスのチューリッヒで生まれ、幼少期から牧師の祖父と一緒に貧困家庭を訪問するなど、社会問題に触れて育った。1763 年にはスイスの最高学府であるカール大学に入学し、社会改革運動に参画していった。その後、彼は重農主義に傾倒し、都市富裕層に搾取される貧しい農民たちを救済するために、ノイホーフと名付けた農場を自ら経営して改革に臨む。農場経営はうまくいかずに破綻したが、彼は、その地域で極貧状態に苦しむ子どもを目の当たりにして、救済のための学校を開設する。このノイホーフでの貧民労働学校（1774～1780 年運営）を皮切りに、シュタンツの地でも孤児院（1798～1799 年運営）

を経営するなど、彼の関心は貧困児の救済に注がれていった。

　重要なのは、ペスタロッチの理想とする救済が、経済的な意味だけではなく、教育的な意味を持っていたことである。そこには、彼が社会改革に没入する直前に発表され、当時の社会に甚大な思想的影響を与えたルソー（Rousseau, Jean-Jacques 1712-1778）の『エミール』（1762年）が関係している。後にペスタロッチは、『エミール』から受けた影響について、「かれのエミールが出るや否や、わたしのひどく非実際的な空想精神は、この同じようにひどく非実際的な空想の書からひどく感動を受けた。わたしはわたしの母の居間の隅ならびにわたしが通学した教室で受けた教育と、ルソーが彼のエミールの教育として要求し強要した教育とを較べてみた。世界中のあらゆる階級の家庭教育も、わたしにはまったく畸形であるかのように思え、そのあわれむべき実際状態に対する一般的な救済手段は、ルソーの高き理念に求めることができ、また求めねばならないと考えた」と回顧している（『ペスタロッチー全集』〔12〕p.197）。

　ルソーは、大人が子どもを「白紙状態」と見なして社会の文化や規範を教え込むことを批判し、本来的にその子に内在している本質的属性である自然本性を発達させる「合自然的な教育」を重視した。『エミール』では、大人社会の基準から逆算して子どもを教育するのではなく、子どもの自然な発達に応じて必要な環境を整備する「消極教育」が唱えられている。すなわち「消極教育」では、子どもが環境との相互作用を通して自己教育（自己の可能性を開花・伸長）できるように、間接的に働きかけることが教育者の役割となる。

　ペスタロッチもルソーと同様に、子どもの自然本性を内から発達させる「合自然的な教育」を志向し、環境との相互作用を通した子どもの自己教育を重視した。殊にペスタロッチは、経済的な困窮や社会的地位の低さから劣等感に苛まれ、生きている意味を感じられない子どもたちが、自らに内在する可能性に気づき、それを十全に発揮していく喜びを実感することを求めた。彼の『隠者の夕暮れ』（1780年）では、経済・社会的な境遇にかかわらず、

第4章 ● 近代教授法の成立　57

人間が自らの存在価値をよりよく実感する自己実現の理想が語られており、そこには彼の教育思想を貫いている人間愛が見て取れる。このように、子どもが自己の可能性を開花させて生きる喜びを享受することこそが、ペスタロッチの求めた救済であった。

2　貧民教育から人間教育への一般化

貧民労働学校や孤児院でペスタロッチが試みたのは、まるで家族のように貧困児と共に生活し、自分たちが生きるために不可欠な農作業や手工を行い、そこで必要になる知識や技能を学んでいく労作教育であった。この生活を成り立たせるための労働を通して、子どもたちは、経済的自立の基礎となる知識や技能を身に付けると同時に、生活を共にする仲間に貢献する経験を得ていた。それは、自らの存在価値を感じられない子どもたちにとって、所属する社会集団における自己の役割や使命を発見し、全うすることで他者に喜ばれる経験であり、生きる意味を実感することにつながっていた。いわば子どもたちは、生活に必要な労働を通して、仲間と共に自己の可能性を開花させ、また享受するという自己教育を展開していたのである。

そうした子どもたちの様子を傍らで観察していたペスタロッチは、労作教育の試みが、貧困児だけではなく、すべての子どもの教育に必要なエッセンスを含んでいると考えた。例えば、彼の『リーンハルトとゲルトルート』(1781〜1787 年) では、労作教育のエッセンスが、家庭での人間教育として一般化されている。さらに彼は、そうした人間教育の原理と方法を「メトーデ」として言語化しつつ、ブルクドルフに民衆学校を開設して、広く子どもたちに実践しながら追究していた。

3　人間教育の「メトーデ」〜生活における基礎陶冶と直観教授〜

そうした追究の中で、ペスタロッチは、生活の中で子どもが自己教育できる人間へと育っていく基本原理や、教育者がそれを導くための方法について整理している。前者の原理は「基礎陶冶」、後者の方法は「直観教授」とし

て、一般的に知られている。

「基礎陶冶」の原理によれば、人間には、本来的に三つの根本力である「精神力」（知性）、「心情力」（徳性）、「技術力」（技能）の芽が備わっている。そして、それらが活用され発達することにより、調和のとれた人間へと自身を導けるようになっていく。そのため、幼少期には、三つの根本力の芽を開花させて、子どもがそれらを活用して発達させられるように習慣を形成しなければならない。特に彼の労作教育論を見ると、この三つの根本力の調和的な発達を理想としていたことがわかる（『ペスタロッチと人権』pp.242-244）。理由として、例えば、何かしらの労働を通して自他の幸福を願ったとしても、その労働に必要な知性と技能が欠けていれば、労働を遂行することができず、結果として自らの使命や役割を全うし、他者と喜びを共有するには至らない。一方で、労働を遂行するための知性や技能があっても、それを自他の幸福につながるように方向付けられなければ（徳性が欠ければ）、他者と喜びを共有できず、自らの役割や使命を全うして享受することは難しい。そればかりか、非人道的な方向へと知性や技能が使われる危険性さえある。そのため、ペスタロッチは、「心情力」を中心としながらも、「精神力」と「技術力」が欠けることなく、互いに結び付いて発達することを重視した。それにより、子どもは仲間と共に自己の可能性を開花させて、生きる喜びを享受できる人間に育っていくと彼は考えた。

他方で「直観教授」は、この三つの根本力である「精神力」「心情力」「技術力」の芽を発達させる際に、教育者が留意すべき教育方法といえる。ペスタロッチによれば、子どもは知識を言葉によって記憶的に学習するのではなく、目や耳や手といった感覚器官を通じて経験し、それを概念化する形で学習する。また子どもは、最も単純な事物の要素（「直観のABC」としての「数・形・語」）の認識から出発して、次第に複雑な事物の認識へと至っていくという。そのため教育者は、いきなり複雑な事物の知識を言葉で教え込むのではなく、子どもが自らの感覚によって単純な事物を直観し、秩序だった概念的知識を形成できるように導く必要があるという。同様に「心情力」でも、

子どもに複雑な道徳規範を言葉で説明して聴かせるのではなく、子どもが最も根源的な「母の愛」を感受し、そこから感覚を伴いながら、次第に複雑な道徳的概念へと至れるように導くことが重視される。「技術力」についても、子どもが最も単純な身体動作である「技術のABC」（打つ・投げる・運ぶ・押す・引くなど）にはじまり、より複雑な技能動作へと、自らの感覚に根差しながら学び進めていく道が示されている。

　忘れてはならないのは、「基礎陶冶」や「直観教授」が、あくまでも子ども自身の生活という文脈において意味を成すということである（『梅根悟教育著作集』〔2〕pp.81-84）。ペスタロッチによれば、子どもが感覚を駆使して学ぶのは、教育者から見て必要な事柄ではなく、自ら切実な必要性を感じている事柄である。まさに労作教育で見られたように、子どもたちは、生活に必要な労働を通して、それに関連する必要な事物・事象を学んでいく。晩年のペスタロッチは、『白鳥の歌』（1826年）で、子ども自身が生活する中で、よりよく生活するために身をもって学ぶという人間教育の原則を、「生活が陶冶する」として提言している。そして彼は、教育者に対して、生活における子どもたちの必要感や学び方を観察し、子どもが自らの感覚に即して探究的に学習できるように支援する役割を求めたのである。教育者の中でも親は、幼子と生活する中で、すべての基礎となる感覚の教育を担うキーパーソンであることが「居間の教育」として強調されている。

4　「メトーデ」の革新性と機械化

　以上で論じてきたように、ペスタロッチによる「メトーデ」の追究は、ルソーが『エミール』で構想した合自然的な教育の理念を、すべての子どもを対象とした民衆教育の実践へと具現化する試行錯誤であった。「メトーデ」の革新性は、民衆教育の方法において、教える側の論理から、学ぶ側の論理へと転換した点に見いだされる。特に「直観教授」に象徴されるように、ペスタロッチが、大人の想像するように子どもは学んでいないという事実に気づき、子ども自身の学び方（認識過程）や必要感を観察した点は重要である。

その洞察を基に彼は、大人社会で求められる知識や技能を子どもにわかりやすく教えることを超えて、子どもが自らの必要性や感覚に従って学び、自己教育の力を育てられるように、「メトーデ」を開発した。それによって、すべての子どもが自己の可能性を開花・伸長させ、仲間と共に生きる喜びを享受できる社会の実現を願ったのである。

　当時の人々にとってペスタロッチの「メトーデ」が革新的であったことは、同時代における他の民衆教育方法と比較するとよくわかる。代表例として、19世紀初頭のイギリスでは、ベル（Bell, Andrew 1753-1832）やランカスター（Lancaster, Joseph 1778-1838）が、できるだけ多くの子どもたちを工場労働から保護して、社会を生き抜くための最低限のリテラシーを習得させるために「助教法」（Monitorial System）を開発した。「助教法」は、一部の成績優秀な子どもに教師の補助役となってもらい他の子どもたちを指導・監督させることで、少数の教師でも大人数の子どもに、大人社会で求められる読み・書き・計算や道徳規範を訓練できるようにするための技術であり、教える側の論理に基づいていた。

　実際にペスタロッチの思想と実践は、フレーベルやヘルバルトをはじめとする数多くの教育者に影響を与えた。しかし、常に「メトーデ」がペスタロッチの意図通りに理解されたわけではない。時には、教師が実物を提示して感覚に訴えてから言葉を教える「実物教授」として一面的に理解され、所与の教育内容を効率的に教える機械的な教育技術として活用されることもあった。次節で見るヘルバルトは、それに警笛を鳴らした人物として知られている。

第2節　ヘルバルトによる教授理論の体系化

1　ヘルバルトの問題意識

　ヘルバルト（Herbart, Johann 1776-1841）は、1776年にドイツのオルデン

ブルクに生まれ、ギムナジウムを卒業した後に、イエナ大学に入学して哲学や数学を専攻した。卒業後は、スイスの富豪の家で家庭教師として3年（1797～1800年）にわたり教育に従事している。この時期のドイツでは、プロイセンのヴェルナーによる宗教勅令（1788年）に代表されるように、国家による国民形成のための教育統制が進められていた。そうした教育の一律化に対して疑義を抱いていたヘルバルトは、家庭教師として目前の子どもに応じた教育を模索する傍らで、ペスタロッチの理論と実践に活路を見いだした。彼は、1799年にペスタロッチを訪問してその実践に感銘を受けた。1802年には『ペスタロッチの直観のABCの理念』を上梓するなど、ペスタロッチ研究に注力している。同年に、ヘルバルトはゲッチンゲン大学で学位を取得し、講師として教鞭をとることになるが、この時期に著された『最初の教育学講義』（1802年）や『一般教育学』（1806年）には、ペスタロッチの影響を受けた彼の教育学のエッセンスがしたためられている。

　特筆すべきは、ヘルバルトが、「メトーデ」を忠実に模倣しようとすればするほど、ペスタロッチの臨機応変な「頭脳」が見落とされていき、結果として彼の真意に背くことになると考えていた点である（『ヘルバルト研究』p.94）。ヘルバルトは、マニュアルのような教授法の開発・普及が進むことで、教師がそれに盲従し、実践を硬直化させてしまうことを危惧していた。そこには、目前の子どもの状態を観察して、その子が何を必要としているのかについて判断することのできない第三者が実践を直接的に規定すべきではないという信念と、それを成し得る主体である教師への期待があった。

　しかし、教師が教授法の模倣を避けるあまり、自らの経験だけを頼りにする場合には、「根本の欠陥を明らかにすることをしないで、ただ彼の計画の失敗だけを経験する、あるいは、おそらくはもっとよい方法のはるかにすばやい、見事な前進と比較してみることをしないで、ただ彼の方法の成功だけを経験」することになる（『世界の美的表現』p.97）。いわば経験則の教師は、自分の成功・失敗体験を繰り返し、狭い視野の中に子どもを閉じ込める危険性があった。

2 科学としての教育学の追究

こうした問題意識の下で、ヘルバルトは、特定の教授法の盲従でもなく、狭い経験則の盲信でもない、第三の道として、科学としての教育学を追究した。彼によれば、「教育学は教育者自身のために必要な科学」（『一般教育学』p.31）である。しかしその意味は、単純に教師が科学的理論に忠実な実践をすればよいということではない。彼は、いかに精緻な理論であろうとも、「それが生徒の直接の観察を代行しうるに至るということは、とうていありえない」として、理論からの「演繹」によって個別具体的な事実を見落とすような実践を批判する（『一般教育学』p.30）。彼によれば、「科学は眼鏡ではなくて、眼」であり、「しかも彼らに与えられたさまざまの状態を観察するために、人々の持っている眼の中で最も優れた眼」である（『一般教育学』p.28）。ここでは、誰かが提示した科学的知見を「眼鏡」として借りるのではなく、自らが目前の現実を科学的に観察・分析できる「眼」を持つことが重視される。つまり彼が理想としたのは、理論によって子どもの実態を観察・分析し、それに即応した実践を創造できる教師であった。彼は、そうした理論と実践をつなぐ臨機応変な力を「タクト」と表現し、ペスタロッチのように、柔軟な実践を創造する鍵になると考えた（『ヘルバルトとその時代』p.54）。

そしてヘルバルトは「タクト」の養成に向けて、教師が目前の子どもの現状を観察・分析し、自ら教育実践の目的と方法を組織立てて考えるうえで必要な視点や視野を示すために、「地図」のような体系的理論を追究した。

3 教授理論の体系化

ヘルバルト教育学の特徴は、目的から方法まで筋道を立てて論じているところにある。彼は、教育の目的を道徳的品性の陶冶に置く。これは、外的な道徳規範に従属するのではなく、自ら多面的に物事を考えて価値判断を行える自律的人間の形成を意味する。彼によれば、理想の価値判断は、①他人ではなく自らの意志に従う「内的自由」、②意志の中でも中核的な意志に従う「完

第4章 ● 近代教授法の成立 　63

全性」、③自分と相手の意志を一致させて同時に実現させる「好意」、④自分と他人の意志が対立するときに相互に譲歩して調和させる「正義」、⑤意志に従った行為に対して正当な報いを求める「公正」を満たすものである。

　彼はこの目的実現のために必要な教育の領域として、「管理」「訓育」「教授」を提示する。このうち「管理」は、子どもが学びに集中できるように場を落ち着かせるなど、「教授」と「訓育」のための条件整備である。「訓育」は、教材を介さずに行われる教育で、子どもたちが教師と生活する中で付随的に価値判断を学んでいくものである。一方で「教授」は、教師が明確な意図の下、教材を介して行う人格形成の営みであり、彼の教育学の中心に位置付けられている。この「教授」の目的が、教材を教えることではなく、それを通した人格形成に置かれたことから、「教育的教授」と呼称された。

　ヘルバルトは、「教授」の目的として、道徳的品性を陶冶するために、子どもの持っている興味を多面的に育てることを掲げている。彼の言う興味とは、対象を自分と関係あるものと見なして、その内部にまで入り込み、本質を探究しようとする知的な働きであり、意志を形成する源泉である。興味が多面的に発達するにしたがい、子どもは事物・事象を自分と関係ないものとして簡単に切り捨てずに多角的に検討しようと努め、また他人の苦悩や希望を奥底まで考えて共感的に理解しようとする、思慮深い人間に育っていくと、彼は考えた（『教育の英知』p.191）。

　では、子どもの興味を多面的に育てるためには、どのような「教授」が求められるのか。ヘルバルトによれば、人間が対象に強い関心を向けて、それを思慮深く探究できるのは、対象となる事物・事象を多様な関係性の中で検討して意味付けることができる、豊かな「表象圏」（概念のネットワーク）を有しているからである。換言すれば、「表象圏」を豊かにすることが、興味を多面的に育てる鍵になる。彼は、ペスタロッチの直観教授を発展させることによって、子どもが新しい概念を獲得して「表象圏」を拡張していく認識過程を精緻に分析している。彼によれば、その認識過程は「統覚」（類化）と呼ばれ、「明瞭」「連合」「系統」「方法」に分節化される。「明瞭」は、未

知の対象に注目して、明瞭に見る行為である。「連合」は、その対象に、心に浮かんだ既有の表象同士を結び付けて、説明のつく新しい表象を形成する行為である。「系統」は、連合により形成された新しい表象を秩序付ける行為である。最後の「方法」は、秩序付けられた表象を分節化して応用する行為である。ヘルバルトは、このような子どもの学習過程（認識過程）を観察・分析しながら、即応する形で教授活動（指示・結合・教授・哲学）を展開する必要性を提起している。それにより、子どもが自らの「表象圏」を拡張し、興味を多面的に発達させていくための支援者となることを、教師に求めた。

4　ヘルバルトからヘルバルト学派へ〜教授理論を学校現場に〜

　このようにヘルバルトは、教師が特定の教授法や狭い経験則に盲従することなく、目前の子どもに即して実践を創造できるように、体系的な教授理論を提示した。しかし、マニュアル化を避けようとする意識からか、ヘルバルトの教授理論はきわめて抽象的であった。そのため学校では、理論を実践の文脈に即して具体化してくれる人間が求められた。その役割を担ったのが、ヘルバルト学派と呼ばれる弟子たちであった。

第3節　ヘルバルト学派による教授理論の実践化

1　「方法的単元」の開発

　前節で論じたようにヘルバルトは、「表象圏」の拡張を学習と捉え、それに不可欠な4段階の認識過程を学習の最小単位として提示した。そのため教師は、「明瞭」や「連合」で終わらせることなく、「方法」までを一区切りとして、それを導くまとまりのある教材を考える必要がある。いわばヘルバルトにとって、学習とは何かの断片的な情報を得ることではなく、一連の認識過程を内包する行為であり、教材とは単に教科書に記された事柄ではなく、

一連の認識過程を導くまとまりのあるものであった。

　ヘルバルト学派のツィラー（Ziller, Tuiskon 1817-1882）は、こうした学習や教材のまとまりを求めるヘルバルトの発想（後に「単元」と呼称される）に注目し、その具体化を試みた。彼はヘルバルトによって提示された4段階の認識過程を、子ども自身が「観察したり、比較したりしながら思考を進めて」新しい知識を発見していく「研究活動」として理解した（『梅根悟教育著作集』〔4〕pp.142-145）。そして、「明瞭」を「分析」と「総合」に分けることで、5段階（分析・総合・連合・系統・方法）に精緻化した。

　この5段階を一単位とする子どもの「研究活動」（学習過程）は、ツィラーによって「方法的単元」と定式化された。その画期性は、子どもが対象に疑問を抱いて探究し、知識を発見するまでを一区切りとして学習活動を組織する方法を提示した点に見いだされる。またツィラーにおいて、教材は、教科書などに記された事柄ではなく、一連の子どもの研究活動を導くような奥行きのある問題（問い）として考えられていた。とりわけ彼が、あらゆる問題を手あたり次第に子どもに研究させるのではなく、子どもが一つの価値ある問題を研究する過程で、多様な知識を関連的に学んでいく「中心統合法」を提示したことは重要である。そこには、子どもにとって意味のある関連として多様な知識が発見され、統合的に理解されなければならないという単元構成の原理が見て取れる。

2　教授の定型化

　このようにツィラーが、子どもの学習過程を5段階に分析したのに対して、同じくヘルバルト学派のライン（Rein, Wilhelm 1847-1929）は、それに対応した教師の教授手続きを5段階（予備・提示・連結・総括・応用）に整理した。すなわち、子どもがどのように学ぶのかという問いから、教師がどのように教えるのかという問いへと転換した。その結果、ヘルバルト学派の教授理論は、教師が定められた教育内容を段階的に教授する教育技術として、世界各地に普及したといわれている。特にツィラーとラインは、「方法的単

元」において子ども自身が「研究活動」に取り組むことを強調していたものの、子どもが学ぶべき価値ある教材を固定化していた。その根底には、「開化史段階説」などのパラダイムや、教材をめぐるヘルバルトとの考え方の相違が存在する。

「開化史段階説」は、個々の人間の発達過程が人類社会の発展過程を辿るように進展するため、人類社会の発展段階に即した教材の組織（領域と配列）が子どもの発達段階に適した学習を導くという考え方である。この考えの下では、子どもの発達段階によって、学ぶべき教材が自ずと決まってくる。

また教材を考えるにあたって、ヘルバルトは、子どもの興味の対象に気をとられ、興味そのものを忘れてはならないと強調した。つまり、目前の子どもの自分事になっている事柄や活動を観察し、そこから興味の傾向や性質（「同情的興味」や「認識的興味」）を分析・分類して、それを広く深く追究（表象圏の拡張）できるように教育内容を構成するということである。そこには、何かを教えるために興味を「手段」として利用するのではなく、子ども自身の興味の発達こそが「目的」であり、教材はその手段であると考える、彼の思想が存在する。一方でツィラーとラインの教材論は、子どもの興味の対象が、どのような教科の体系（人類社会の発展過程を象徴する「歴史的・人文的教科」や「自然科学的教科」）に位置付くのかを分析・分類し、系統的に指導できるように教科内容を構成するものであった。その場合、子どもの興味は先行する教科の枠組みに当てはめて解釈され、手段であるはずの教科教材の枠内において追究が許されることになる。

後の教育者により「開化史段階説」などが批判され、それらを根拠としていた単元論も再考された。今日では、ヘルバルト学派の「方法的単元」は、所与の教材を子どもに探究させるための学習活動の一単位という意味で「教材単元」と呼称され、子ども自身の興味や経験に即して教材を選択して探究させる「経験単元」と区別されている。

おわりに

　以上、近代教授法の成立過程を整理すれば、ペスタロッチが実践の中で模索した合自然の教授法を、ヘルバルトが教授理論として体系化し、ヘルバルト学派が方法的単元へと実践化していったことがわかる。それは、民衆教育において、教える側（大人）の論理ではなく、学ぶ側（子ども）の論理に立った教育実践を科学的に追究する試みであった。彼らは、観念論的に理想の学習・教授を定めるのではなく、実際の子どもの学び方（認識過程）を精緻に観察・分析し、それに即した教え方（教授過程）を開発していった。

　特筆すべきは、彼らが、先人の理論や方法を教育技術として盲信せず、自ら目前の子どもの実態を観察・分析して実践を組織立てて考えていくための視野や視点として受け止めたことである。言い換えれば、彼らは、誰かが生み出した科学的知見を利用するのではなく、自らが科学する主体になることを大切にしていた。

　いかなる教授法であれ、開発者にとっては科学的であったとしても、正しいモデルとして盲信される場合には、科学としての性格は抜け落ち、権威主義に陥る。そうなれば、目前の子どもの個別具体性は見落とされ、所与の教材を効率的に教える機械的な教育技術へと変貌する。近代教授法開発の歴史は、教師一人ひとりが権威主義に陥ることなく、むしろ科学する主体になって実践を創造できるように、有益な視野や視点を論理化していく挑戦であったといえよう。

【文献一覧】

稲垣忠彦『増補版 明治教授理論史研究』評論社、1995 年

梅根悟『梅根悟教育著作選集』〔2・4〕明治図書出版、1977 年

長田新編『ペスタロッチー全集』〔8・10・12〕平凡社、1974 年

乙訓稔『ペスタロッチと人権』東信堂、2003 年

是常正美『ヘルバルト研究』牧書店、1966 年

庄司他人男『ヘルバルト主義教授理論の展開』風間書房、1985 年

高久清吉『教育の英知』協同出版、1975 年

高久清吉『ヘルバルトとその時代』玉川大学出版部、1986 年

田中耕治・鶴田清司・橋本美保・藤村宣之『新しい時代の教育方法 改訂版』（有斐閣アルマ）有斐閣、2019 年

ヘルバルト , J.F.（是常正美訳）『一般教育学』（世界教育宝典）玉川大学出版部、1968 年

ヘルバルト , J.F.（高久清吉訳）『世界の美的表現』（世界教育学選集）明治図書出版、1972 年

眞壁宏幹編『西洋教育思想史 第 2 版』慶應義塾大学出版会、2020 年

第 5 章

新教育運動の生起と展開

永井優美

はじめに

　教師中心の一方向的な教育実践を批判する形で始まった新教育運動は、子どもの興味や関心に注目し、子どもの自発的活動を重視した改革運動であった。それは 19 世紀後半から 20 世紀前半にかけて世界各国で生起し、今なおその理論や方法は教育の本質的な意義を私たちに投げかけている。1900 年にスウェーデンの運動家ケイ（Key, Ellen 1849-1926）が世に出した『児童の世紀』では、20 世紀が子どもの世紀であることが高らかに宣言され、子どもの個性、自由、権利が着目される時代に入ったことがわかる。本章では新教育の代表的な思想や実践を紹介し、世界的な教育刷新運動の歴史を概観してみよう。

第1節　新教育の理念

1　新教育運動の特徴

　国民教育制度が確立すると、知識の詰め込み教育や規律を重んじて子どもを画一的に管理する教育が盛行し、教育実践の硬直化・形式化をもたらした。柔軟性や創意工夫が見られない型通りの教授方法は「死んだ技術」と揶揄され、教師主導の一斉教授では、自由な雰囲気は見られず、子ども同士の関わりはほとんどなかった。

　そのような中、それに異議を唱え、ヨーロッパやアメリカを中心に、自由・興味・関心・主体性などをキーワードとした多種多様な教育改革が展開されていった。世界各国における教育改革の動きを総称して「新教育運動」（New Education Movement）と呼んでいる。

2　新教育実践の共通理念

　新教育全般に共通する特徴として、以下の4点が挙げられる。第一に子ども中心主義である。これは新教育の中核的理念であり、程度の差こそあれ、ほとんどの新教育運動家がスローガンにしたものである。子どもの主体性を尊重した教育は、一見放任主義のように思われるかもしれないがそうではない。それはむしろ決められた内容を教え込む教授よりも難易度が高く、教師の側にも力量が求められるものである。集団による一斉教授や教科書・時間割を廃止する学校もあり、徹底的に「子どもから」が謳われ、個々の子どもの興味・関心や能力、適性、個性にまなざしが向けられた。

　第二に全人主義である。書物による暗記中心の知識の習得に偏重した教育を否定し、知徳体のすべてにわたる調和的な人間形成の視点による教育が行われた。体育や芸術教育が取り入れられるようになり、徳育も重視された。人間の全方面の教育を行うことは、教育内容のバリエーションを豊富にした。

　第三に活動主義・労作主義である。子どもが自己の感覚器官を通して外界と関わり、目的を持った自己活動や作業によって学ぶことが重視されたもので、経験が尊重された。活動場所も教室に限定されるものではなくなり、自然との関係にも目が向けられた。

　第四に生活中心主義である。教育内容を実生活とつながりのあるものとして捉え、細分化された教授内容を統合したり有機的に関連させたりすることでカリキュラムが見直されていった。自治活動や行事などを通して民主的・自主的な生き方を学ぶことも意図された。

3　新教育の源流

　新教育運動は、ルソー（Rousseau, Jean-Jacques 1712-1778）、ペスタロッチ（Pestalozzi, Johann Heinrich 1746-1827）、フレーベル（Fröbel, Friedrich Wilhelm August 1782-1852）らの近代教育思想に根拠を持つものである。ここでは、幼稚園の創始者フレーベルを取り上げ、新教育の基礎となる思想を見ていこう。

フレーベルは 1782 年にドイツの小国に生まれた。9 か月で母を亡くし、孤独な年少期を過ごす中で自然への関心を高めていった。イエナ大学やベルリン大学での自然科学（特に鉱物学）の研究活動やペスタロッチ主義模範学校での教職経験を経て、兄の遺児のため、1816 年に一般ドイツ学園（カイルハウ学園）での実践を開始し、それを基に主著『人間の教育』（1826 年）を著した。1835 年にスイスの孤児院長となると、幼児に関わる中で、子ども生来の創造的本質を発揮する自己活動としての遊びを通した人間形成としての教育に目覚めていった。1837 年に帰国すると、自然物を象った恩物(Gabe)という教育遊具を考案し、1839 年にはそれを用いた実践や保育者養成のための施設を設立した。1840 年、この施設をキンダーガルテン（Kindergarten 子どもの庭）と名付け、ここに幼稚園が誕生することとなった。フレーベルは、庭園の各種の植物を子どもたちに見立て、草花がそれぞれの性質にふさわしく適切に世話され成長していくように、庭師としての保育者による適切な関わりによって、子どもたちが自己を発揮し、他者と調和しながら育つ楽園をつくろうとした。そのことから、幼稚園では子ども自身が植物栽培を行ったり、戸外で自然と触れ合ったりすることが重視された。また、家庭が人間教育の出発点であると考えたフレーベルは、育児書である『母の歌と愛撫の歌』（1844 年）を編纂している。それは手遊び歌によって母親が子どもに対して意識的に関わるよう促したもので、子どもが誕生した直後から教育的に働きかけることの重要性が認識されていた。

　しかし、幼稚園が評判になる中、反対勢力の批判も高まり、1851 年にドイツにおいて幼稚園禁止令が出された。フレーベルはその翌年亡くなり、1860 年まで禁止令は解除されることはなかったが、その間も弟子たちによって「さあ、わたしたちの子どもらに生きようではないか！」というフレーベルの呼びかけと共に、幼稚園は世界中に設置されていった。新教育期には、フレーベル主義者らによって形骸化された恩物操作法や心理学の知見と相容れない象徴主義は批判の対象となるものの、フレーベルの教育思想は新教育思想の土台として価値を保ち続け、その原理は幼児期以降の教育にも適

用されていった。それは、子どもの個性や他者との関係性を尊重し、遊びの教育的意義を発見したことが評価されたためである。

4　フレーベルの教育思想と方法

　フレーベルは万物の創造主である神の本性を「神性」と呼び、被造物である自然や人間はそれを潜在的に有していると考えた。とりわけ、神の似姿として創られた人間は、神と同じように何かを生み出そうとする創造的本質を備えた存在であり、それが最も純粋に表れた活動を「遊び」（自己活動）と捉えた。自己活動の衝動は媒介物によって育まれると見ていたフレーベルは、子どもの遊びを適切に導くための教育遊具として、神の贈り物という意味を込めて恩物を開発した。また、恩物による遊びに続く、より年長児の「作業」のための材料も考案された。

　フレーベルの教育実践は球体理論に基づくものである。彼はすべての対立を解消し統一するものとして、球を完全性の象徴とした。フレーベルにとって神は統一者であり、神を中心として相反するものが多様性を含み込んで全体として調和していくという世界観の下、個人は家庭、社会、人類という全体の中の部分であることが強調された。フレーベルは個人の生命とそれを取り囲む全体生命が一致していく中で自己発達がなされていくと考え、万物の有機的な連関を重視した。そのことを「生命の合一」といい、子どもが自然や社会と内的につながっていることを遊びを通して予感することが意図された。

　そのために考案された恩物として、最も重要な形である球を象った6色の毛糸のボールが第1恩物とされた。第2恩物は木製の球・円柱・立方体、第3恩物から第6恩物は立方体・直方体・三角柱の積木で構成された（図5-1）。それに続く作業材料として、面（板、折り紙、切り絵など）、線（棒、紐、紙テープ、線画など）、点（穴あけ、円形状の粒など）があり、終着点としては自由に立体や球を形作ることができる粘土が置かれた。すなわち、球、立体、面、線、点へと分解され、再び球へと統合されるという連続的な恩物・作業材料の体系が示されたのである。さらに、それらの材料は子どもによって自

第5章　●　新教育運動の生起と展開　75

由に生活の形式（椅子や家など）、美の形式（シンメトリーや幾何学的なデザイン）、認識の形式（数や量の認識）として表現されるものであった。特に、生活の形式では、子どもが自分で作ったものからイメージを得てお話を創作する活動が提案されている。その他、子どもたち自身が素材となって輪になって歌って遊ぶ運動遊戯も、「生命の合一」を予感するための教育内容として加えられた。

　フレーベルによれば、人間は自己の内に働く神性を自覚したうえで、それを自由に表現して生きることを使命とする。そのため教師は、神性の発現を妨げないよう、子どもに対して「命令的、規定的、干渉的」ではなく、「受動的かつ追随的」に関わらねばならないという。彼は、子どもを蝋や粘土の塊のように思うままに扱おうとする態度を戒め、子どもの主体性を尊重する人間教育の礎を築いたのであった（『人間の教育』〔上〕p.18-19）。

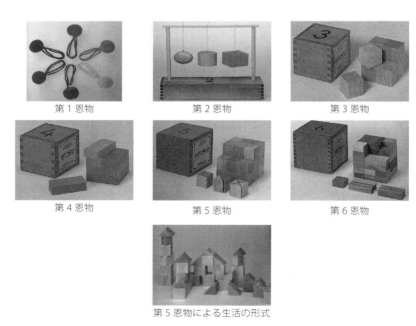

図 5-1　第 1 恩物～第 6 恩物

出典：玉成恩物研究会編『フレーベルの恩物であそぼう』フレーベル館、2000 年、口絵

76

第2節　ヨーロッパにおける新教育

1　イギリスにおける新学校の起こり

　新しいタイプの学校は、まずヨーロッパの富裕層の私立学校から始まった。イギリスに創設されたレディ（Reddie, Cecil 1858-1932）によるアボッツホルムの学校はその最初のものである。当時、中等教育機関であるパブリック・スクールでは、ギリシア語やラテン語などの古典的教養と運動競技を重視した教育が行われていた。それに不満を持っていたレディは、近代社会における政治・行政・軍事・商工業などのリーダーとなる人間の育成を目指し、1889年に16人の生徒を対象に新学校を設立した。同校では国語（英語）や現代外国語（フランス語・ドイツ語）の学習を中心とし、労作（木工・金工・園芸・養蜂など）や地理歴史・科学・芸術も取り入れた全人教育が実践され、音楽活動も活発であった。また、田園における寮での共同生活や自治活動を通じて徳育が行われ、礼拝において宗教的情操が涵養された。

2　フランスにおける新教育の展開

　フランスでは、レディの影響を受けたドモラン（Demolins, Joseph Edmond 1852-1907）により、イギリスの新学校を模して全寮制のロッシュの学校が1899年に設置された。ドモランは現実の生活を教えることを重視し、国公立の中等教育機関であるリセやコレージュの教育を否定して、機械、工学、商業、外国語（英語・ドイツ語）などの実用的な教科を導入した。また、労作教育も行われたが、これらの教育は高額な寄宿費を基に運営された上流階級の子弟を対象としたものであった。

　それに対して第一次世界大戦後には、フレネ（Freinet, Célestin 1896-1966）などによって民衆対象の公立小学校における改革が展開されていった。フレネは学校に印刷機を導入して子どもの自由作文を印刷し、それを教材や他校

と交流するための学校間通信に活用することで、子どもの興味を組織化する共同作業の実践を行った。また、1935年には「新学校」（フレネ学校）を創設し、子ども自身が自分の内にある動機から創造的な仕事を行って自らを導いていくことを重視し、子どもの生活と人格を中心に置いた実践を目指していった。

3　ドイツにおける改革教育学

アボッツホルムの学校で教師を経験したリーツ（Lietz, Hermann 1868-1919）は、1898年から、自然豊かな郊外に田園教育舎と呼ばれる四つの学校を設立していった。それは子どもによりよい環境を与え、都市の生活から子どもを隔離しようとしたものであった。特に家庭における教育不全が問題とされていたため、同校では教師と生徒は家族のような関係性を築き、愛と信頼を基盤とした「ファミリー」という少人数の生活共同体が形成された。田園教育舎では話し合いや体験活動が導入され、手仕事や園芸・農業・飼育などの労作教育が行われた。自然の中で遊ぶ時間も確保され、感性を育むための芸術活動も実施された。寮における自治活動では、自分たちで問題を解決していく力が養われ、共同生活・協同作業を通じて有機的な連帯感が醸成されていった。

ドイツの新教育は改革教育学と呼ばれ、他にも、家庭教師学校において教科や学年の区別にとらわれない総合教授を推進したオットー（Otto, Berthold 1859-1933）や、公立学校において労作教育を実施したケルシェンシュタイナー（Kerschensteiner, Georg 1854-1932）による実践、人智学を提唱したシュタイナー（Steiner, Rudolf 1861-1925）による自由ヴァルドルフ学校での芸術を重視した実践や、ペーターゼン（Petersen, Peter 1884-1952）による生活共同体学校の系譜に属するイエナ・プラン等、多様な実践が総花的に展開された。

4　モンテッソーリ・メソッド

ヨーロッパにおける新教育の理論的基礎の二大潮流として、イタリアの

モンテッソーリ（Montessori, Maria 1870-1952）とベルギーのドクロリー（Decroly, Jean Ovide 1871-1932）の教育法がある。「興味の中心」から出発する実践改革を目指したドクロリーは、1907 年に「生（活）のための生（活）による学校」を掲げた実験学校を創設したことで知られている。ここではモンテッソーリ教育を詳しく取り上げよう。

イタリア初の女性医学博士であるモンテッソーリは、セガン（Séguin, Édouard 1812-1880）やイタール（Itard, Jean Marc Gaspard 1774-1838）の研究を参考に知的障害児教育の研究を行っていたが、その方法を健常児の子どもにも適用しようと、1907 年から「子どもの家」において 3 歳から 7 歳の子どもを対象に試行的実践が行われていった。その実践の方法をまとめた『子どもの家の幼児教育に適用された科学的教育学の方法』が 1909 年に出版されると、二十数か国語に翻訳され、「モンテッソーリ・メソッド」として注目された。

モンテッソーリは、乳幼児期の感覚訓練を重視し、子どもの生命の自発的活動を発現させる教育を実践した。そのため、机や椅子、洗面台などを子どもの大きさに改造したり、モンテッソーリ教具を開発したりして、子どもが自己活動できる環境を整えた。モンテッソーリ・メソッドの基本原理に「自由」が挙げられるが、これは子どもが自己発展できるよう整備された環境の中での自由であった。教師は、子どもが自分で教具を扱えるようになるまで、時間をかけて正しい使い方を教え、そのあとは教具が子どもを教えるようになる。子どもは好きなだけ選択した教具で練習を繰り返す自由が与えられるのである。その際、作業の中で何か誤ったことがあればそれに自分で気づき、自己訂正することができる。モンテッソーリは教具を教師の代理と捉え、教師は最低限の干渉を行う静かな存在と見なした。そのため、子どもたちは選択した教具における「お仕事」に没頭する「集中現象」の中で成長していくと考えられた。ある能力を獲得するための特別な感受性を示す「敏感期」に応じた、感覚を訓練するために開発された各教具には、一つだけの目的と方法が設定されている。例えば、実際生活の練習のためのボタンかけや

ひも結びのための教具、ピンクタワーといわれる大小の立方体を大きいものから小さいものへ積み重ねる教具（フレーベルの恩物のようにそれを椅子や机に見立てたりはしない）、一つの感覚機能に焦点化させるため、目隠しによって視覚を遮断し、触覚を訓練するための教具（これは後の書き方教授へつながる）など種類は豊富である（図5-2）。このような教育に対して、活動や社会的経験の幅が狭いこと、読むよりも書くことが先立つ言語教育、子どもの創造力や想像力を軽視することへの批判がなされた。

図 5-2　モンテッソーリ教具

出　典：Maria Montessori (Translated by Anne E. George), *The Montessori Method*, New York: Frederick A. Stokes Company, 1912, p. 283.

第3節　アメリカにおける新教育

1　クインシー運動

　アメリカの新教育運動の開始として位置付けられるクインシー運動の指導者パーカー（Parker, Francis Wayland 1837-1902）は「進歩主義教育運動の父」といわれる人物である。パーカーは1875年にマサチューセッツ州クインシー市の教育長となり、学校教育の質的改善に取り組んだ。1883年からはイリノイ州のクック郡師範学校の校長となり、附属実習学校（パーカー・スクー

ル）や私立の教員養成機関での実践に携わった。パーカーは子どもの善性への信頼を持って、子どもたちが自由を獲得することを目的とする民主主義の教育を目指した。それはその後、新教育運動の代表的指導者であるデューイはじめ、進歩主義教育の指導者に継承されていった。

2　デューイによる教育実践

　デューイはシカゴ大学の実験学校（デューイ・スクール）の実践報告として『学校と社会』（1899 年）を著し、世界の新教育実践を牽引した。その中に「子どもが中心であり、この中心のまわりに［教育の：筆者注］諸々のいとなみが組織される」（『学校と社会』p.50）とあり、大人中心の教育に対して子ども主体の経験主義による教育を提唱した。デューイ・スクールには幼稚園も設置され、フレーベルの幼稚園教育の原理を小学校教育に活かすことが主張された。デューイは子どもを取り巻く社会の在り方も重視しており、協働的な活動や民主主義教育を通して、相互依存のコミュニティとしての社会の改良を目指した（詳しくは第 10 章参照）。デューイ・スクール以降、1920 年代末までに 20 校以上の進歩主義的学校が設立されていった。デューイは他にも『子どもとカリキュラム』（1902 年）や『民主主義と教育』（1916 年）など多くの著作を発表し、進歩主義教育運動をリードしていった。

3　プロジェクト・メソッド

　デューイがシカゴ大学からコロンビア大学に移ると、キルパトリック（Kilpatrick, William Heard 1871-1965）をはじめ、コロンビア大学の進歩主義教育者たちによってデューイの理論を基盤とした実験的研究が展開されていった。キルパトリックは 1918 年に発表した論文「プロジェクト・メソッド」の中で、プロジェクトを社会的環境の中で行われる全精神を傾ける目的ある活動と定めた。目的、計画、実行、判断の 4 段階に区分されたプロジェクト活動を通して、知識技能の習得のみならず、性格や態度の形成も同時に図られ、デモクラティックな市民としての人間形成が目指された。また、キルパ

トリックは「プロジェクト・メソッド」を明文化する以前から、進歩主義幼児教育の指導者であるコロンビア大学幼稚園科のヒル（Hill, Patty Smith 1868-1946）と共に研究を進め、フレーベルやモンテッソーリの教育に関しての批判的検討や、ホレース・マン幼稚園において自由遊びの研究を行い、遊びの教育的意義や興味を伴う連続的な活動の重要性を見いだしていった。そのような中、幼稚園と小学校低学年はプロジェクト活動を核とした一つのまとまりと見なされるようになり、幼小連携カリキュラムが開発された。その成果はヒルらによって『幼稚園と第1学年のためのコンダクト・カリキュラム』（1923年）として発表された。これは子どもの行為（思考・感情・行動）の変化向上を目的としたもので、恩物を改良した大型の積み木「ヒル・ブロック」を用いた実践例などが紹介されている。他者と関わりながら、遊びから目的ある作業へと活動を展開する実践が展開されていったのであった。

4　ドルトン・プランとウィネトカ・プラン

　進歩主義教育を代表する実践として知られるドルトン・プランとウィネトカ・プランは、子どもの個性と社会性の両面に注目し、時間割や教科にとらわれない実践を創出した。

　ドルトン・プランはモンテッソーリに学んだパーカースト（Parkhurst, Helen 1887-1973）が1920年にマサチューセッツ州ダルトンで始めたもので、さらに、ニューヨーク市の私立小学校「児童大学」において、「自由」と「協働」の原理に基づいた教育が実践された。それは、子どもたちが提示された教育内容から自己の学習を教師と相談して計画し、合意の下で「アサイメント」（学習の割り当て）を教科別実験室で各自進めていく方法であった。また、演劇・工作などの集団的活動や異年齢集団の「ハウス」における集団生活の交流も重視された。

　ウィネトカ・プランは1919年にイリノイ州ウィネトカの教育長となったウォッシュバーン（Washburne, Carleton Wolsey 1889-1968）により開始された公立学校の教育改革である。それは、子どもの自己実現と「社会的意識」

を養うことを目的に、系統的な知識・技能の個別学習としての「コモン・エッシェンシャルズ」と、共通の目標を持って行われる「集団的創造的活動」の二つの領域が切り離されずに行われた実践で、子どもの興味が尊重されたものであった。また、そのような教育を継続していくために、現職の教師の力量形成にも力が注がれた。

おわりに

新教育運動は、近代教育思想を土台に、世界各地で互いに影響を与え合いながら展開された。ヨーロッパやアメリカを中心に、理論家と実践者らが手を取り合って生み出した独創的な新教育実践は、その後各国に受容されていった。それは日本では大正新教育運動となり、当時の教育界に新しい風を起こした。

新教育は一人ひとりの子どもの可能性に目をとめ、自発的な発想や活動を尊重するものである。それは従うことから子どもを解放することにつながっていった。子どもが自ら学ぶ意欲を発揮し、自己の考えを持って真に自律的な人間として、他者と共に生きるようになることを支える試みが新教育運動であったといえよう。このことを私たちは多様な新教育実践の歴史を通して学ぶことができるだろう。

【文献一覧】

石橋哲成・佐久間裕之編著『西洋教育史 新訂版』玉川大学出版部、2019 年

遠座知恵『近代日本におけるプロジェクト・メソッドの受容』風間書房、2013 年

白川蓉子『フレーベルのキンダーガルテン実践に関する研究：「遊び」と「作業」をとおしての学び』風間書房、2014 年

田中智志・橋本美保『プロジェクト活動：知と生を結ぶ学び』東京大学出版会、2012 年

デューイ , J.（宮原誠一訳）『学校と社会』（岩波文庫）岩波書店、1957 年

橋本美保編著『大正新教育の受容史』東信堂、2018 年

藤井千春編著『時代背景から読み解く西洋教育思想』ミネルヴァ書房、2016 年

フレーベル , F.（荒井武訳）『人間の教育』〔上〕（岩波文庫）岩波書店、1964 年

宮野尚『ウィネトカ・プランにおける教職大学院の成立過程』風間書房、2021 年

モンテッソーリ , M.（阿部真美子・白川蓉子訳）『モンテッソーリ・メソッド』（世界教育学選集）明治図書出版、1974 年

ロックシュタイン , M.（小笠原道雄監訳）『遊びが子どもを育てる：フレーベルの〈幼稚園〉と〈教育遊具〉』福村出版、2014 年

〈第 II 部〉

日本における教育思想と学校の歴史

第**6**章

伝統的社会における教育

塚原健太

はじめに

　人間は社会という共同体をつくりながら生きている。その社会を維持して
いくためには、大人から子どもへ生きるために必要な知識や技能を伝える必
要がある。このことから考えれば、教育は人間にとって不可欠な営みである
といえる。現代社会において、教育は主に学校教育を意味するが、次世代へ
の知識・技能の伝達は、本来日常生活において大人と子どもが一緒に活動す
ることにより行われていた。そして、日本列島に文字が受容され、文字によ
る知の蓄積が行われるようになると、それを教授する組織的な教育機関が必
要になった。

　ところが、教育機関が庶民にも広く浸透するのは近世になってからであ
り、古代・中世では、貴族や武士など支配階級のための教育が行われてい
た。本章では、日本の伝統的な社会における教育について、特に庶民に教育
機関が普及する近世の教育を中心に論ずることにする。また、教育機関とい
う形態を採らなくとも、家庭や共同体において豊かな教育が展開されていた
ことも看過できない。そこで、前近代の共同体における意図的な教育の特色
についても把握しておきたい。

第1節　古代・中世の教育

1　古代の教育機関

　7世紀中頃から末にかけて、唐をモデルとした中央集権的な国家が形成さ
れていった。701（大宝1）年には大宝律令が制定され、律令体制がほぼ整っ
た。律令体制における支配制度では、多くの官吏（国家官僚）が文書によっ
て行政を運営した。そのため、徐々に日本社会に浸透しつつあった漢字や計
算の能力などを、体系的に学習する必要が出てきたのである。

律令制度における官吏養成の役割を果たしたのが、都に設置された大学寮と地方諸国に設置された国学である。大学寮には本科（後の明経道─儒学）と数学科の二つの学科が置かれ、『論語』などの素読（意味の解釈を加えず声に出して読むこと）と内容についての講義が行われていた。728（神亀5）年の改革では法律学科（後の明法道）と文学科（後の紀伝道）が新設され、四学科制が確立した。これらの学科の教官は「博士」と呼ばれ、その任官は次第に世襲化されていった。さらに平安中期から後期にかけては、律令制における特定の役職が「博士家」と結び付くことで「家業」が成立した。博士家においては、その子弟や血縁外の優秀な者を取り込んで教育することにより、役職に安定した人材供給を行うようになった。こうした世襲による任官の定着や、官吏における文学的素養の重視による紀伝道の隆盛などの要因が相まって、大学寮は次第に官吏養成の機能を失っていった。

　一方、国学においては、郡司（郡を治める地方官僚）の子弟の教育が行われた。国学の実態は不明な点が多いが、卒業後は大学寮への進学や中央行政への任官も行われていたようである。

　日本に受容された仏教は鎮護国家の方針の下で、国家の保護を受けながら発展していった。それに伴い都や地方に多くの寺院が建設されると、そこが僧侶によって大陸文化を教授する教育機関としての役割を果たすようになっていった。僧侶も貴族と同様に特権階層に属しており、その教育は庶民に開かれていなかった。稀な例として、空海（774-835）が828（天長5）年に設置した綜芸種智院には、貴族・僧侶・庶民の別を問わず入学が許可されていた。

2　中世の多様な教育形態

　中世には多様な教育形態が発展した。武士が登場し政権を握るようになると、各家々において武士として生きるための学習が行われるようになった。旧勢力である貴族・僧侶も自宅や寺院において学習していた。古代の大学寮のような中心的な教育機関は発達しなかったが、有力武士は独自に文庫や学校を設立したし、古代より僧侶養成機関として機能してきた寺院は、武士や

第6章 ● 伝統的社会における教育　89

庶民の子弟を受け入れるようになっていった。このように中世の教育は、個別的ではあるが豊かな展開をみせたのである。

　武士は、御恩と奉公で結ばれた主従関係によって封建的な社会を形成していた。主君による領地の安堵と、家臣による主君への忠誠という契約的関係を維持することが、武家社会の安定にとって必要であった。武家における教育的価値観を見ることができるのが「武家家訓」である。その内容は主君への忠誠、仏神への信仰、道義などさまざまであったが、基本的には武家存続のための教訓が示された。また、武士には武芸の素養が求められたが、武家家訓の中には文字学習の重要性を強調するものもあり、「文武兼備」の価値観を持ったものも少なくなかった。学問的な教養を重視する武士の中でも特に有力な者たちは、僧侶や学者などを家に招き古典や文芸などの教授を受けた。こうして個別的に展開されていた武家教育が、文庫や学校などの形態をとった事例として、金沢文庫と足利学校が挙げられる。鎌倉時代中期に北条実時（1224-1276）によって設置された金沢文庫は、仏典などの書物を収集し、必要があれば公開をするという、図書館のような機能を持っていた。足利学校の創設に関しては不詳だが、上杉憲実（1410-1466）が関与するようになると、全国の学問の拠点になったといわれ、その教育内容は仏書よりも儒学などの漢籍が中心であった。足利学校は、後にイエズス会の宣教師ザビエル（Xavier, Francisco de 1506-1552）によって「坂東の大学」と称されたことでも有名である。

　地方の一般武士たちや庶民の中には、子弟を寺院に預ける者もあった。寺子（預けられる子ども）は、およそ8、9歳前後で寺入り（登山）し、14、5歳で学習を終えるのが一般的であった。教育内容は読み書きやしつけなどの初等教育的なものから、漢籍の学習といった教養的な内容まで幅広かった。このように中世の寺院の中には、俗人教育の機能を持つものが増えていった。

　1549（天文18）年にザビエルが渡来し、日本にキリスト教が伝わると、布教を行える日本人の養成を目的とした学校の建設が始まった。その後、司祭養成の目的を強化するためにセミナリヨやコレジオといった学校が設置さ

れ、神学校としてのセミナリヨが安土と有馬に、キリシタンの最高教育機関であるコレジオが府内（現在の大分市）に置かれた。これらの学校は「キリシタン学校」と総称されている。セミナリヨは、ラテン語の他に日本語や日本文学の教授、また楽器や聖歌といった音楽の教授を行うなど、日本へのヨーロッパの学芸の移入に重要な役割を果たした。

　このように古代・中世における教育機関は、基本的に家や家業と結び付く形で発展していった。特に古代の貴族、中世の武士といった支配階級はその体制を維持するために家を基本としながら教育を行っていた。

第2節　近世社会における子育て

1　近世の子ども観

　近世は戦のない平穏な社会を基盤にしながら、小家族化や農業生産力の向上などによる安定した生活が営まれていた。これを背景に子どもへの関心が高まりをみせ、多くの子育て書が編まれた。近世の子ども観のいくつかに共通しているのは、人間の本性は基本的に善であるという性善説に基づいている点であり、江戸幕府の官学となった朱子学にも見られる。

　近世の子育て論は性善説的な子ども観を基盤としながら、階級や家業に応じて多様に展開されていた。例えば、商人の道徳や教育を説いた石門心学の祖である石田梅岩（1685-1744）は、日常の商売においては、私欲にとらわれず人心をもって勤める必要があるという商売道徳を、幼少期から子どもに教えなくてはならないとしている。

2　子育てと子殺し

　近世の子育ては、子どもをその親が属する共同体の成員として成長させることが第一の目的であった。したがって、親だけでなく共同体に所属する多

第6章●伝統的社会における教育　91

くの他者が子育てに関与することが少なくなかった。特にその様子は通過儀礼に見ることができる。通過儀礼は胎児の段階から行われるものもあり、安産の祈願と同時に、生まれてくる子どもを共同体に受け入れることを表明する儀式でもあった。生まれた子どもは「名付け」や「宮参り」により共同体に受け入れられた。成人の儀礼は、中でも特に重要であり、これを経ることで「一人前」として共同体に認められたのである。

　共同体の成員として子どもが成長していく過程には、大人が関与するだけでなく同年代の集団が果たす役割も大きかった。地域によって呼び方は異なるが、「子供組」「若者組」「娘組」といった集団に参加することによって、子どもや青年はその地域で生きていくために必要な知識・技能・規範などを習得したとみられる。

　このように共同体全体で子どもを大切に育てた一方、家が代々安定的に継承されていくためには、経済的な理由から子どもの数を制限することもあり、育てられない子どもを殺すことも行われた。このことは幕府や藩の行政においても問題とされ、さまざまな禁止策などが採られた。

3　奉公

　近世社会においては、庶民の間に「家」という共同体意識が醸成され、家に伝わる技術や生業（なりわい）を次世代に継承していくために、子どもを実際の労働に参加させることを通して教育を行った。それが端的に表われているのが、生家を出て他の家で生活しながら修行する「奉公」という慣習の存在である。

　奉公では他家に住み込み労働に参加することを通して、職分に応じた知識・技能、道徳や規範などを身に付けた。例えば、商家での「丁稚（でっち）奉公」では、掃除などの雑務を主な仕事としながら、上司である手代や番頭から礼儀作法、商売の基本などが教えられた。休みもほとんどなく修行も厳しかったが、それに堪えて修行を続けることによって手代、番頭へと出世していった。

第3節　近世社会における教育機関の多様化

1　多様な教育機関の出現

　近世には中世における多様な教育機関を基盤としながらも、それにも増してさまざまな教育機関が発達した。それらは、設置者と教育の対象者によって分類される。第一に、幕府や藩が設置し武士を対象とした教育を行った昌平黌や藩校、第二に、個人によって設置され好学の者が集った学問塾（私塾）、第三に、庶民を対象として読み書きの教授を行った手習塾（寺子屋）が代表的なものである。

2　幕府と諸藩の教育機関

　徳川家康（1542-1616）は、1605（慶長10）年に朱子学者であった林羅山（1583-1657）を登用し、公務に従事させた。その後、羅山が1630（寛永7）年に上野に開設した林家塾は、幕府の教育機関としての位置を得ていった。林家塾は徳川綱吉（1646-1709）によって、1691（元禄4）年に神田湯島の昌平坂の上に移転され、後に昌平黌（昌平坂学問所）と呼ばれた。1790（寛政2）年の「寛政異学の禁」によって朱子学が官学（正学）となると、学問所における朱子学以外の教授や研究が禁じられた。さらに1792（寛政4）年には、15歳以上の旗本・御家人などの幕臣を対象とした「学問吟味」という試験制度が開始された。このように幕府による学問統制が進むことにより、昌平黌は幕府の教育機関としての機能を強めた。

　一方、諸藩では、藩士の子弟を教育する藩校を設置するところが増えていった。1669（寛文9）年に岡山藩に最初の藩校が設けられ、18世紀初頭には10校ほどだった藩校は、18世紀中頃から急増し、幕末にはほぼすべての藩に設置されていた。儒学を教育内容としたこれらの藩校以外にも、幕末には医学校、洋学校、郷学（民衆教化のため藩が設けた教育機関）を設置する藩

も現れた。幕末になると欧米列強の接近や幕藩体制の衰えなどの危機的状況の中で、優秀な人材を確保したり、有力な農民・商人を取り込んだりするために、藩士以外の入学を許可した藩校もみられた。

　昌平黌や藩校では、一般的には儒学を教育内容としていた。江戸時代に学問といえば儒学のことを指し、学問を志すには漢文の素養を身に付ける必要があった。6〜7歳頃から学習を開始すると、まずは四書五経などの経書の素読を行った。素読は経書を声に出して繰り返し読むことで、全文を暗唱する学習法である。向かい合って座った師匠が声に出して読んだ一字一句を復唱することで訓読を教わった後に、師匠の手助けなしに読めるよう各自で声に出して復唱した。意味理解は必要なく、聖人の書いた言葉を丸ごと身体化し、自らの思考と活動に活用することが意図されていた。素読が終わると、身体化した経書の意味の解釈を教授する講義や、同レベルの学習者が共同で学習する会業へと進んでいった。講義は、師匠が一人ひとりの学習者と向かい合って行う講授と、大勢の学習者を前に解釈を一斉教授する講釈に分けられる。後述する手習塾では日常生活で活用できる実用的な知識・技能の習得を行っていたのに比して、ここでは儒学の思想が内包された経書の暗記を通した形式陶冶的な支配者教育が行われた。一方で、能力主義的な人事登用の制度として機能した学問吟味は、武士の間に、学問は立身出世の手段であるという功利的な学習観を形成し、学問の思考枠組みと支配者の道徳としての儒学の学習を形骸化させていった。

3　学問塾

　学問塾（私塾）は、学識を有する個人が組織・運営した教育機関である。師匠の学問的素養や人間性がそのまま教育内容に反映されており、儒学だけでなく、国学や洋学を教授する学問塾も存在した。また、著名な師匠の下には、その学識や人徳を慕って全国から入門者が集まった。学問塾は、幕府や藩の教育行政が活発になり、全国に藩校の開設が増えていく18世紀末頃に、開業数が急激に増加した。初期の学問塾は、上級武士などの育成を藩に代

わって行うなど、藩校の補完的な性格を持っており、その代表的なものが、伊藤仁斎（1627-1705）の古義堂や中江藤樹（1608-1648）の藤樹書院である。しかし、幕府や藩における主な教育内容が朱子学に定まると、国学者本居宣長（1730-1801）の鈴屋や、洋学者シーボルト（Siebold, Philipp Franz Jonkheer Balthasar von 1796-1866）の鳴滝塾など、朱子学以外の学問を教授する学問塾が多数開業した。

　学問塾ではさまざまな学習動機を持った者が学んでいた。自らの学問的要求を満たすために、理想の師匠を探し求める者も少なからずいた。このように学問塾の発展は、学習者側の主体的な学習意欲に支えられていたといえよう。

第4節　近世庶民における学習文化

1　庶民における学習要求の高まり

　近世は、武士や僧侶といった知識階級だけでなく、庶民にも読み書きが普及した時代であった。庶民に読み書きが必要となった要因には、次の2点が指摘できる。

　第一に、兵農分離によって農村がほぼ農民だけによって構成された点である。日常的に武士に依存せず、農民自身が文書による行政的な事務を行う必要があった。そのため、農民の中から村役人が置かれ、彼らが文書による命令を農村全体に伝える役割を担ったのである。こうした近世の文書行政下においては、触書といった上からの情報伝達だけでなく、農民からの報告や申請などを行うためにも、文字の読み書きの力が求められる。村役人だけでなく、一般農民にも読み書きの素養が不可欠だったのである。また、村では村民による自治の下、租税や年貢の各戸への割付も農民によって行われた。そのため、計算能力がなければ、年貢に関する不正や損害を見抜くこともできなかった。

第6章 ● 伝統的社会における教育　95

第二に、貨幣経済・商品経済の発展に伴う経済的な要因が挙げられる。大量の年貢米の商品化のために、全国的に都市を中心に貨幣経済が発達した。それに伴い、農村においても、商品となる農作物を栽培し、流通させるようになった。貨幣経済の下で損をしないためには、農民にも文字と計算の能力が必要となったのである。

　このように兵農分離による村の自治と、村への貨幣経済の流入という社会的な構造の変化は、庶民の間に文字の学習をしなければ不利益を被るという意識を生じさせ、彼らの主体的な学習要求を引き出していった。こうした社会的な背景に支えられた学習要求こそが、近世庶民への文字学習の普及を支えていた要因であった。

2　手習塾の普及

　手習塾は、文字通り、文字を書く学習を基本とした庶民のための教育機関である。手習塾は一般的には寺子屋として知られているが、「寺子」は寺入りした子どもの呼び名に由来している。それは、中世の寺院が手習い教育に果たした役割が、庶民の中で意識されていたことによると考えられる。手習塾は、17世紀末から18世紀初頭にかけて三都を中心にその数を増やし、幕末期には農漁村においても急増している。その数は、明治期に行われた文部省の調査によれば約15,000であるが、実際にはその数倍にも及んでいたとみられる。この数からすれば、幕末には都市ばかりでなく、農村においても子どもたちの身近に手習塾が普及していたと考えられる。

3　手習塾の教育

　手習師匠への入門や、退塾の時期は特に決まっておらず、家庭の事情に合わせて学ぶ時期を選ぶことができたし、場合によっては農繁期など生業の都合で欠席することも許されていた。子どもの生活時間は家の生業に左右されるため、登校時間も一人ひとり異なっていた。それが可能だったのは、手習塾での教育方法が個別学習に拠っていたからである。子どもたちは各々登校

してくると、机や筆・硯などを準備し、自ら手習を始めた。子ども自身による自学自習が基本であり、手本の臨書（手本の文字を真似て書く作業）をひたすら繰り返すことによるドリル的な学習が行われた。師匠は、子ども一人ひとりに適した手本を書くないし選択して与えたり、巡回して悪い部分を矯正したり、手を取って運筆を教授したりするなど個別に教授を行った（図6-1）。

図 6-1　手習塾の様子
出典：唐澤富太郎『教育博物館』〔中〕、1977年、p.10

　手習は、概ねいろはの学習から始まり、数字の学習を終えると、単漢字や熟語に進み、次に短句や短文へと進む。初歩の段階では、師匠自らが手本を書いて与えたが、小さな文字かつ長い文章の手本になると製本されたものや、印刷・製本されたものが使われた。こうした手習塾の教材は「往来物」と呼ばれている。往来物という呼び方は、古くから往復の手紙の文例を集めた書物を文字学習の教材として用いていたことに由来する。近世には多様な教材が作り出され、手紙の形式を採っていないものも登場したが、往来物という呼称が用いられ続けた。町人向けには「商売往来」、職人向けには「番匠往

来」、農民には「百姓往来」など、近世を通じて多種多様なものが生み出された。中には、一揆の訴状が手習されることもあった。手習の師匠は、こうした多様な手本の中から、子どもそれぞれの能力や進度、家の職業に応じたものを選んで与えていた。

　手習塾における学習内容は、一般的に３Ｒ's（読むこと〔reading〕・書くこと〔writing〕・計算すること〔arithmetic〕）と理解されることが多い。しかし、書くことを基本に、読み方や言葉の意味だけでなく、それらを生活に必要な課題に結び付けて獲得することが意図されていた。手習を繰り返す中で、日常生活に必要な文書の書式や用語法などの書礼（書札礼）を同時に学習したのである。また、学習を通した師匠や同学の仲間との人間関係の中で、生きていくうえで必要なしつけや道徳教育も行われていた。

おわりに

　日本における前近代の教育を俯瞰してみると、家や村といった共同体で行われた教育の豊かさに気づかされる。村では、そこで生き抜くための術を教育していたし、家では次世代を担う人材に、その家業を守っていくための技術や道徳の教育が行われた。一方、教育機関における教育も、身分や職業と深く結び付きながら多様に展開されていた。支配階級の教育機関では、社会構造を維持するために教育が行われたし、近世庶民を対象にした手習塾では、彼らの学習要求に応じた教育が行われた。このように前近代における教育は、それぞれの学習主体における社会的な必要性に深く下支えされていた。

　この社会的な必要による教育という視点を学習動機から学習内容に向けてみるとどうだろうか。基本的には前近代を通じて、学習主体の学習動機と学習内容は不可分に結び付いていたといえる。それが典型的に表われているのが、近世庶民の読み・書き・算盤の学習要求であり、これらを習得することは彼らにとって実学的な意味を持っていた。しかし、江戸時代の武士教育を見てみると、学問吟味などの学問奨励策を講じた為政者の思惑とは異なり、官学としての朱子学は武士としての教養を身に付けるための学問から、立身

出世のための手段として理解されるようになっていった。そこには教育の制度化によって生まれた、ある種の近代的な学習観が看取される。

　前近代の教育は、近代との連続という観点から前史的に語られることが多い。しかし、「学習離れ」といった学習者の学ぶ意欲の低下など現代の学校教育をめぐる問題の歴史的要因を考えるとき、近代学校制度の導入によって失われてしまった文化的な伝統に注目し、その意義を問い直すことも必要なのではないだろうか。

【文献一覧】

石村華代・軽部勝一郎編著『教育の歴史と思想』ミネルヴァ書房、2013 年

石川松太郎『藩校と寺子屋』（教育社歴史新書 日本史）教育社、1978 年

片桐芳雄・木村元編著『教育から見る日本の社会と歴史（第 2 版)』八千代出版、2017 年

唐澤富太郎『教育博物館』〔中〕ぎょうせい、1977 年

田中耕治・鶴田清司・橋本美保・藤村宣之『新しい時代の教育方法 改訂版』（有斐閣アルマ）有斐閣、2019 年

辻本雅史『「学び」の復権：模倣と習熟』角川書店、1999 年

辻本雅史編著『教育の社会史』放送大学教育振興会、2008 年

辻本雅史『江戸の学びと思想家たち』（岩波新書）岩波書店、2021 年

橋本昭彦『江戸幕府試験制度史の研究』風間書房、1993 年

久木幸男『日本古代学校の研究』玉川大学出版部、1990 年

三好信浩編『日本教育史』（教職科学講座）福村出版、1993 年

森川輝紀・小玉重夫編著『教育史入門』放送大学教育振興会、2012 年

山田恵吾・貝塚茂樹編著『教育史からみる学校・教師・人間像』梓出版社、2005 年

寄田啓夫・山中芳和編著『日本の教育の歴史と思想』（MINERVA 教職講座）ミネルヴァ書房、2002 年

第**7**章

近代学校制度と授業の成立

永井優美

はじめに

　現代日本の学校教育は、明治以降に導入された西洋モデルの近代学校が原型となっている。江戸期には、寺子屋、藩校、私塾などの教育施設が存在していたことは前章の通りであるが、近代日本における学校教育は、それらと様態を異にしている。そこで本章では、近代学校教育制度の成立とその内容を概観し、いかなる思想的、社会的規制の下で日本特有の教育政策および実践が展開されたのか、その特徴を見ていこう。

第1節　近代公教育の創始

　近代学校教育制度の確立は、「富国強兵」「文明開化」をスローガンに掲げた明治政府の重要課題であった。1871（明治4）年に中央教育行政機関として文部省が設置され、従来、藩ごとに統轄されていた教育行政が全国化された。近代学校教育の基本構造が最初に規定されたのは、翌年8月3日に頒布された「学制」においてである。

1　「学制」の基本理念

　「学制」の基本理念は、太政官布告である「学制序文」（被仰出書）に明示されている。日本の近代化に貢献した福沢諭吉（1835-1901）は、啓蒙教育思想家の代的人物であり、「学制序文」に示された教育理念は、彼の『学問のすゝめ』（1872年）に酷似していた。

　「学制序文」の内容は、それまでの封建社会の学問の在り方に批判を加えたうえで、新しい時代の学問観を提示したものであった。その特徴は、「学問は身を立るの財本」とあるように、個人主義・功利主義の立場が示されたことである。従来は、国や藩のために学問に励む者が多かったが、ここでは、個人の生活のためにこそ学問を修めるようにと述べられている。そのた

め、教育内容としても、江戸時代に盛んであった儒学を否定し、日常生活に役立ち、合理的・実験的な精神を尊重した実学が強調されている。また、「邑に不学の戸なく家に不学の人なからしめん」とあるように、身分や男女の区別なく、すべての国民を対象とした教育制度が構想されていた（国民皆学）。その実現のため、親に就学の責任を課し、受益者負担の原則が定められた。

2　「学制」の特徴

　「学制」は、教育行政組織はフランス、教育内容はアメリカを模範とし、大学、中学、小学の3段階からなる単線型学校体系を採った。教育行政区画として大学区、中学区、小学区が設けられ、全国が8大学区（翌年7大学区に改正される）に分けられた。一大学区の中に32の中学区が、さらにその中に210の小学区が設置され、数にして大学が8校、中学校が256校、小学校が53,760校置かれることとされたが、**表7-1**を見ても明らかなように、実際にそれらの設置は数的に不可能なものであった。

表 7-1　小学校数、在学者数、就学率の変遷

年度	小学校数	在学者数	就学率（%）
1875	24,303	1,928,152	35.43
1880	28,410	2,348,859	41.06
1885	28,283	3,097,235	49.62
1890	26,017	3,096,400	48.93
1895	26,631	3,670,345	61.24
1900	26,857	4,683,598	81.48
1905	27,407	5,348,213	95.62
1910	25,910	6,861,718	98.14
1915	25,578	7,454,652	98.47
1920	25,639	8,632,871	99.03

出典：日本近代教育史事典編集委員会編『日本近代教育史事典』1972年、pp.80-93

　また、文部省の管轄の下、大学区に督学局、中学区に学区取締が設けられた。学区取締は、学校設置、就学督促、学校保護、経費調達、学事統計の作成

第7章 ● 近代学校制度と授業の成立　*103*

および報告などの業務を担当し、実質的に「学制」の実施に責任を負った。

　政府は、単に制度を制定するだけではなく、江戸期と異なる教育形態を日本に根付かせるために、何より人々の教育に対する認識を啓蒙する必要があった。そのため、「学制」の理念は、「学制序文」の解説書や就学告諭などを通して、全国的にその趣旨の徹底が図られていったのであった。

3　小学校と師範学校の設置

　「学制」の実施に際しては、優先順位が設けられ、その第一に、小学校を設置することが挙げられた。小学校は、修業年限が各4年の下等小学と上等小学からなり、等級制が採られた。教科目としては、下等小学にはつづり字、習字、単語、会話、読本、修身、書牘、文法、算術、養生法、地学大意、理学大意、体術、唱歌が置かれ、上等小学には史学大意、幾何学罫図大意、博物学大意、化学大意が、そして、地域の状況によっては外国語、記簿法、画学、天球学が加えられた。

　また、小学校の運営のため、教員の養成が急務とされた。1872（明治5）年に師範学校が東京に設置されたのを皮切りに、各大学区に1校ずつそれが増設され、1874年には東京に女子師範学校も設立された。その他、各府県では教員不足に応じるため、教員伝習所などで半年ほどの速成養成を行った。そこでは、寺子屋教師の再教育なども試みられ、近代学校数育に関する知識が教授されたようである。その後、師範学校は各府県に置かれるようになっていった。

第2節　近代学校教育制度の確立過程

1　就学率の低迷

　学校教育の国民への有効性が強調されたものの、近代学校が日本に定着す

るには数十年の歳月が必要であった（**表7-1**）。就学率の上昇を阻んだ要因には、まず、小学校設置に伴う費用が「民費」負担とされたことが挙げられよう。国庫負担金は、地域によって差があるが、約10%程度にとどまり、経費の多くは地域の住民が担うこととなった。授業料は小学校が月50銭とされたが、それは当時における民衆の生活費の3分の1に相当するほど高額であった。その他にも、学区内集金や半強制的な寄付金が徴収された。

　また、下等・上等小学校合わせて8年間の就学期間が示されていたが、半年から1年で退学する者が後を絶たなかったことも、就学率低迷の一因と考えられる。それは、子どもの発達段階を無視した程度の高い内容を問う進級試験が課され、多くの子どもが留年したためであった。

　さらに、実学主義をうたったにもかかわらず、実際に小学校で教授された内容は実学とはかけ離れたものであった。教科書には、『ウィルソン・リーダー』などのアメリカで普及していた教科書の翻訳が使用された。その西洋的な教育内容は、教師さえ理解することが困難なものであった。

　このように、「学制」は欧米諸国の教育形態をモデルに構想されており、日本の社会の実態とかけ離れていた。特に、地域社会の教育状況を無視し、多くの問題を生み出していたため、早々に改革されることになった。

2　「教育令」の公布と攻正

　「学制」に代わって、1879（明治12）年に「教育令」が施行された。これは、学制の基本的性格である中央集権的な学区制を廃した、地方分権的な色彩の強いものであり、自由教育令とも呼ばれている。この制度により、国民の自発的な教育活動が期待されたが、現実には「学制」の反動を招き、教育不振をもたらした。また、徴兵令、地租改正など、新政府の近代化政策への批判的潮流の中で暴動が超こり、その象徴的建築物である小学校も焼き討ちされた。就学拒否や学校破壊などの形で国民の不満が噴出していた中、教育令はわずか1年で改正されることとなった。

　就学率の向上を近代国家の一つの現れであると捉えていた日本政府は、こ

第7章 ● 近代学校制度と授業の成立　*105*

の改正によって、再び小学校の設置や義務教育などについての諸規定を明示し、教育への国家統制を強化するようになった。そのため、熾烈な就学督促が全国各地でなされ、徐々に就学率が上昇していった。

　また、道徳教育も重視されるようになり、教科目の筆頭に「修身」が掲げられた。さらに、地域によって教育の内容や程度に大差が生じていたため、文部卿によって「教育綱領」が制定され、その基準に合わせて各府県で「小学校教則」が編成されていった。「教育令」の改正は、自由民権運動の高揚を機に、「学制」から続いた欧化主義教育が批判され、復古思想が興隆していく情勢の中でなされたものであり、この後、わが国の教育は国家主義へと傾斜していくこととなった。

3　森有礼による教育政策

　1885（明治18）年に内閣が設置されると、初代総理伊藤博文（1841-1909）は、森有礼を文部大臣に抜擢した。急進的な立場から近代学校教育の整備を一手に担った森は、まず、1886年に「教育令」を廃止し、代わって「学校令」を制定した。これは諸学校令とも呼ばれているように、「小学校令」「中学校令」「帝国大学令」「師範学校令」などからなるものであった。ここにわが国の学校制度の基礎がほぼ確立したといえる。「小学校令」では、4年制の尋常小学校と高等小学校、尋常小学校の代用小学校として3年制の小学簡易科が示されている。尋常小学校は義務教育機関とされ、保護者の教育義務についても明記されている。

　また、森は教育内容の国家統轄のため、1886年に教科書検定制度を制定した。「学制」以来、教科書は外国文化移入のための手引書として位置付けられ、欧米の教科書の翻訳書が広く普及した。また、『学問のすゝめ』などの民間人の著作も用いられていた。しかし、これらは小学生にとっては難易度の高いもので、翻訳書には誤訳が多く見られるという問題点もあったことから、教科書の改革が進められたのであった。

　森は師範教育も重視し、「師範学校令」において、教師の気質として三徳

（順良、信愛、威重）を提示した。師範学校では、全寮制の下、軍隊教育をモデルとした教員養成が行われ、兵式体操も導入された。このような養成により、後に「師範タイプ」と呼ばれる均質かつ画一的な性格の教員が輩出されていくことになった。

第3節 国家主義教育体制への移行

1 「小学校令」の改正

森は「大日本帝国憲法」発布当日に暗殺され、その後、数回にわたって「小学校令」が改正された。1890（明治23）年に改められた第二次小学校令は、ドイツ連邦諸国の初等教育制度を模範として起草された。その目的は、第1条において「道徳教育及国民教育ノ基礎並其生活二必須ナル普通ノ知識技能ヲ授クル」と示されている。制度としては、尋常小学校が3年もしくは4年とされ、小学簡易科が廃止されたうえで、義務教育は3年と定められた。高等小学校は2年、3年、4年とされ、補習科や専修科（農工商など）を付設することができるようにし、従弟学校や実業補習学校も小学校の一種として挙げた。これらはわが国の産業化に応えたものであったといえる。また、第二次小学校令は法律としてではなく、勅令として公布された。これは、教育は国家のためのものであるという思想に基づくものであり、以降、重要な教育法規は、勅令の形式を採ることが原則とされるようになった。さらに、教育は各地方ではなく、国家にその権限があるとされ、国家の委任事務としての教育行攻の方針が明確に打ち出されることになった。

1900年の第三次小学校令において、義務教育は4年とされ、授業料が無償となった（1907年の改正で6年制となる）。その結果、就学率が急上昇し、ここに義務教育が制度的に確立したといえる。

2　国家主義教育思想の興隆

　明治 20 年代初頭に帝国憲法が発布され、第 1 回帝国議会が開設された。国家主義体制が構築される中、制度的には以上のように公教育が整備されたが、それを支える精神とはいかなるものであったのだろうか。教育に関する「開化」と「復古」の両立場からの論争は、新政権発足当初から存在し、教育政策にも深く影響を与えていった。

　明治天皇は 1878（明治 11）年に行幸し、各地の教育実情を視察した。その際の天皇の意見を侍講であった元田永孚（1818-1891）が「教学聖旨」（1879年）としてまとめている。これは、明治維新以来の開化主義を批判し、儒教道徳を復活させ「仁義忠孝」を教学の根本に据えようとしたものであった。これに対し、内務卿であった伊藤博文は、井上毅（1844-1895）に「教育議」を作成させた。これは、「教学聖旨」に反論し、西洋化の必然性を主張したものであった。元田はさらに、「教育議附議」をもってこれに批判を加えている。

　このように、伝統的・儒教的であり、かつ政教一致を志向する保守派と、科学的知識を重視する開明派との対立構造が見られた。しかし、当時の社会情勢の中で、しだいに前者が優位に立つようになり、教育勅語の発布によって、この徳育論争は終結したのであった。

3　教育勅語の制定とその特徴

　当時、国民道徳の方針が明確ではなく、徳育の混乱が起こっていた。そのような中で、首相山県有朋（1838-1922）は、天皇から徳育の方向性をまとめるよう命令を受け、文相芳川顕正（1842-1920）の下、法制局長官であった井上毅と元田永孚によって「教育に関する勅語」（教育勅語）が作成された。これは天皇の法的責任を回避するため、法律としてではなく勅語の形式を採っている。

　教育勅語では、天皇制社会である国体に教育の根源があるとされ、天皇も

国民も共に「仁義忠孝」という普遍的な徳目を実行していく者であるとされている。国民には天皇の臣民としての義務を全うすることが要求され、天皇を中心とした国民教育が成立していった。教育勅語の謄本や御真影（明治天皇、皇后の写真）が、約30,000の学校に下賜され、各学校で奉読式が行われるようになり、それらを納める奉安殿が設置された。「小学校祝日大祭日儀式規程」も制定され、学校儀式などを通して、教育勅語の精神が国民に浸透していったのであった。

　また、その趣旨を徹底するために、国の教科書編集への関与が求められるようになり、「教科書疑獄事件」（1902年）を契機として、翌年、国定教科書制度が成立した。それは、段階的に導入され、まず、修身、国語（読本、書き方手本）、歴史、地理の教科書から国定化され、徐々にその他の教科にも広がっていった。以後、「師範タイプ」と呼ばれた教員による、国定教科書などを用いた授業において、教育内容の画一化が進行していった。

第4節　教育方法の日本的受容の特質

　諸外国をモデルに近代学校教育を受容しようとした政府は、特に、欧米の教育方法を積極的に模倣した。その初期には、ペスタロッチ主義教授法が、その後は、ヘルバルト主義教授法が流行した。ここでは、それらがどのように受容され、日本的に変容していったのかについて見てみよう。

1　ペスタロッチ主義教授法の導入

　前述したように、1872（明治5）年に東京師範学校が設置されると、アメリカからスコット（Scott, Marion M. 1843-1922）が招聘され、新しいアメリカ式学校教育の内容や方法が紹介された。個別指導は一斉教授へ、往来物は教科書へ、筆と紙は石筆と石盤へと変化した。多くの小学校が従来の寺子屋、私塾、藩校などを改造して運営されたが、中には、旧開智学校に代表さ

第7章●近代学校制度と授業の成立　*109*

れる西洋風の校舎が建造される場合もあった。

　また、教育課程の詳細な基準としては「小学教則」が示されたが、文部省によって編纂されたものは内容が煩雑かつ高度であったため、1873年にスコットの指導により東京師範学校が作成したそれが、実際には多くの小学校で用いられることになった。この規則の特徴は、「読物」と「問答」という科目が設置されたことである。前者は、総合的内容教科であり、この中で地理、歴史、修身、物理、化学などの内容が教授された。後者は「読物」とセットで置かれたもので、「読物」で扱った教育内容を問答の形式で教授するものであった。

　問答科は、庶物指教と訳されたオブジェクト・レッスン（Object Lesson）を行う科目であった。オブジェクト・レッスンは、当時アメリカの小学校で盛行していた、五感を通して知識や技能を習得させるという教育方法であり、子どもが実際に見たり、聞いたり、感じたりして物事を理解することを重視した。そのため、問答科では、実物や掛図を利用した授業が行われ、直観に働きかけて概念を形成させることが意図された（図7-1）。これは、前近代的な暗記、素読を中心とした教育方法とは正反対のもので、「直観から概念へ」というペスタロッチ主義の実物教育に依拠したものであった。

　しかし、当時、問答科を理解することができた教師はほとんどおらず、実際には、問いと答えを形式的に覚えてそれを繰り返す「カテキズム」のような実践が行われ、場合によっては言語を教えることを目的とするようになっていった。このように、問答科において、本来目指されたオブジェクト・レッスンは形骸化していったのであった。

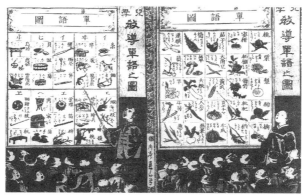
図 7-1 「児学教導単語之図」を使用した授業風景
出典:唐澤富太郎『図説　近代百年の教育』1967 年

2　ヘルバルト主義教授法の影響

　わが国の文教政策は、明治前期からフランスやアメリカに倣って行われてきたが、第二次小学校令以降は、ドイツの教育制度や思想、方法が注目を集めるようになっていった。ドイツ人のハウスクネヒト（Hausknecht, Emil 1853-1927）は、1887（明治 20）年に帝国大学に招聘されると、ヘルバルト主義教授理論を日本に導入した。ハウスクネヒトの門下生であった谷本富（1867-1946）らは、著作活動を通してこれを紹介し、明治 20 年代にはヘルバルト主義教授理論は一世を風靡した。ヘルバルト学派の提示した教育の目的は道徳的品性の陶冶であり、当時のわが国における国家主義的政策と一致させることができたため、広く利用されたのである。

　しかし、ヘルバルト主義教授理論に見られる、個人主義的な側面が批判されるようになると、それの教育目的論研究は衰退し、代わって明治 30 年代には、ヘルバルト主義教授法が着目されるようになった。特に、日本に影響を与えたヘルバルトの弟子にライン（Rein, Wilhelm 1847-1929）がいる。ラインが唱えた五段階教授（予備・提示・比較・概括・応用）は、以後、日本の教育実践現場に普及していった。しかし、多くの教師は、その教授理論を解

することなく、教授方法のみを採用したため、教科教授法の定型化を招いたのであった。

おわりに

　明治期になると、政府は欧米列強と渡り合うため、近代国家の確立を目指した。そのため、教育の近代化が図られたが、それは同時に西洋化と見なされ、西洋学校教育の制度や内容が導入されたのであった。日本の学校教育は、初期においては、主にアメリカに範をとって進められた。その後、教育勅語を機に、国家主義教育体制が構築されていくと、ドイツを教育政策のモデル国として学校教育が改革されていった。

　教育現場では、近世以来の教育慣行を西洋風に改めるよう努力がなされたものの、教師が西洋教育思想を理解するのは容易ではなかった。一方、教授法の受容は積極的になされる傾向があり、そのため教育実践が形式化していった。近代教育思想に代わるものとして皇国主義思想が置かれたことにより、天皇を中心とした日本独自の近代学校教育が成立していったといえる。

　日本政府は、まず、教育制度の確立と小学校の量的拡大を目指したため、その質の確保は十分であったとはいえない。そのような中で、国家のための教育という側面がしだいに重視されるようになり、教育内容は国の文教政策に基づくものとされ、教員養成は国家に役立つ人材を育成するために整えられていったのであった。

【文献一覧】

稲垣忠彦『増補版 明治教授理論史研究：公教育教授定型の形成』評論社、1995 年

海後宗臣・仲新・寺崎昌男『教科書でみる近現代日本の教育』東京書籍、1999 年

片桐芳雄・木村元編著『教育から見る日本の社会と歴史　第 2 版』八千代出版、2017 年

唐澤富太郎『図説 近代百年の教育』国土社、1967 年

唐澤富太郎『教育博物館』〔中〕ぎょうせい、1977 年

田中耕治・鶴田清司・橋本美保・藤村宣之『新しい時代の教育方法 改訂版』（有斐閣アルマ）有斐閣、2019 年

仲新・持田栄一編『学校の歴史』〔1〕第一法規出版、1979 年

日本近代教育史事典編集委員会編『日本近代教育史事典』平凡社、1972 年

森川輝紀・小玉重夫編著『教育史入門』放送大学教育振興会、2012 年

第 **8** 章

大正新教育の展開

林 直美

はじめに

　第一次世界大戦後の日本においては、経済発展とともに自由主義思想が台頭して市民の権利意識を成長させていった。1918（大正7）年の政党内閣の成立や1919（大正8）年頃からの普通選挙論、そして吉野作造ら民本主義者によるデモクラシーの高唱は、その現れであった。こうした社会的動向の中で、教育政策においては天皇制国家主義体制を強固にするための「臣民教育」が徹底された。しかし、こうした教育行政の方針と自由を求める民衆の意識には矛盾が生じ、その間での葛藤がさまざまなレベルで見られた。

　一般的にこの時代の教育は「大正新教育」や「大正自由教育」と呼ばれている。当時、政府が定めた教育内容を正確に教授するための画一的・形式的な教育への批判が高まっていった。この批判を受けて公教育も児童理解を尊重した教育方針を示したが、それは絶対主義的な体制を揺るがさない範囲で行われた。

　本章では、こうした自由で新しい教育を求める動きが、都市新中間層の権利欲求と結び付きながら、教育改革運動として教育界に波及していく過程を概観しつつ、その運動の教育史的意義を確認していこう。

第1節　大正期の教育政策

1　臨時教育会議の設置

　第一次世界大戦後のソビエトの体制の成立と相まって、大正デモクラシーの高揚は次第に体制・政府に対する反対の機運へと高まっていった。そのような時代潮流の中、1917（大正6）年10月に国民教育の強化、教育制度再編を図るために寺内正毅は、内閣総理大臣の諮問機関として臨時教育会議を設置した。会議は1919（大正8）年3月までの約1年半の間に、九つの諮問事

項についての答申が行われた。九つの答申とは、①小学教育、②高等普通教育、③大学教育及び専門教育、④師範教育、⑤視学制度、⑥女子教育、⑦実業教育、⑧通俗教育、⑨学位制度、についてであった。その他に兵式体操と国体明徴思想についても建議が行われている。

2　高等教育機関の拡充

臨時教育会議の成果として特に注目されるのが、高等教育制度の大改革である。義務教育の整備に続き中等教育制度が確立されると、さらに高等教育の拡充を求める声が高まった。高等学校入試倍率の推移（図8-1）に見られるように、「苦学サバイバル」と呼ぶべき狭き門をめぐる競争が激化し、次第に社会問題視されていった。高等学校の在り方と大学への接続ならびに拡充という問題の改善を図るために、1918（大正7）年に高等学校令、続いて大学令が公布された。これにより官立高等学校の増設と7年制高等学校が成立し、従来専門学校令によっていた早稲田や慶應義塾などの私立の高等教育機関が、大学として再発足できることになった。

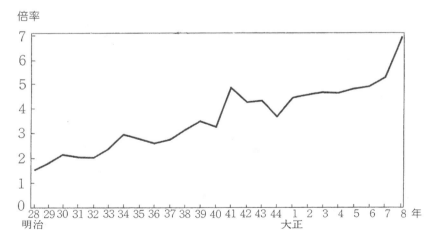

図8-1　高等学校入試倍率推移
出典：『立志・苦学・出世：受験生の社会史』（ただし単位は筆者による）

3　小学校教育の改善

　臨時教育会議を受けて、早急に取り組まれた改革が、小学校における教育費の国庫負担を増やして財政的基礎を与えることであった。第一次世界大戦後の地方財政は疲弊していた。日露戦争以降、日本経済は慢性的な不況下にあり、そのしわ寄せは教育財政に著しく、地方によっては教員給与の支払いが滞ることもあり、劣悪な状態であった。臨時教育会議の答申では教員給与の半分を国庫で負担し、教員の賃金の低下を実質上食い止めるというものであった。従来の「補助」ではなく「負担」へと切り替わっているのは、国が教員の給与を支えることによって教員の社会的権威を高めることを図る一方、教員に対する国家統制を強化するという思惑もあったのである。教育の内容については、特に高等小学校の改善が課題とされ、教科目を実際生活の要求に合うように改善することが求められた。

第2節　大正期の教育思潮

1　明治末期における新教育の台頭

　前章で見たように、開国以降欧米に倣って導入された日本の学校制度は、明治後期にはその基礎をほぼ完成させていた。「教育勅語」の発布と教科書の国定化は国家主義教育の二大柱となり、大正期の学校教育は、この二大柱による「臣民教育」の徹底が課題とされていた。この教育行政上の課題と、高揚し始めた民衆の市民的要求とは本来相いれないものであり、両者の妥協点が模索されたのが大正期であった。大正新教育と呼ばれるこの時期の教育改革運動に共通していたのは、ヘルバルト主義がもたらしたといわれる教師中心の画一主義、注入主義、暗記主義的な教育方法に対する批判と子どもの個性や自発性を重視したことである。

ヘルバルト主義の教育学者谷本富（1867-1946）は、1900（明治33）年からの3年間にわたる欧米の新学校視察の後、ケイ（Key, Ellen 1849-1926）やドモラン（Demolins, Edmond 1852-1907）の理論に依拠した「新教育」を主張した。また、樋口勘次郎（1872-1917）はパーカー（Parker, Francis W. 1837-1902）の理論を取り入れて自発活動を重んじ、「活動主義」を提唱した。彼らは、新時代に即応した人材育成のために、新しい人間形成の方法を模索しており、このような先駆的な思想や取り組みが大正期の新教育運動の底流となっていた。

2　旧教育への批判

　新教育は、先述したように、すでに明治末期に谷本や樋口によって提唱されており、それが大正期の自由主義的風潮と結びついてさらに活性化したと考えられる。

　例えば、樋口勘次郎に学んだ国語教師芦田恵之助（1873-1951）は、児童の学力という観点から形式的・画一的な教授を批判した。芦田は著書『読み方教授』（1916年）において、当時の教育は、児童の日常生活に融合しない法則・事実を紙に書いて、ただそれを子どもにのり付けしているようなものであり、いずれ剥がれてしまうことから、このことを学力の「剥落」と表現している。子どもが興味を持てない内容を一方的に教え込む授業への批判が高まり、新しい実践が模索され始めた。

3　教育意識の変化

　資本主義の浸透は、家庭の在り方や教育の考え方に変化をもたらした。都市では、新中間層と呼ばれる官公吏、教員、会社員、職業軍人などが独自の文化を示すようになった。学問を修めれば出世できるという学制以降の立身出世の考え方は、先の見えない農家の次男、三男が都会を目指す動機付けとなっていた。そして、彼らの中には都会に出て新中間層として成功するものも現れた。この時期に台頭した都市新中間層の親たちが子育てのよりどころ

とした考え方には、童心主義、厳格主義、学歴主義があった。

童心主義とは、「子どもは大人とは異なる純真無垢という価値を持つ」とした児童文学の理念である。その提唱者である鈴木三重吉（1882-1936）によって1918（大正7）年に創刊された児童文学雑誌『赤い鳥』は、子どもの自発性や個性を尊重して育てたいと考える新中間層によって支持され、わが国最初の児童文化運動の先駆的・中心的役割を果たした。童心主義とは対称的に、純真無垢だからこそ厳しいしつけが必要であるという厳格主義の志向も見られた。厳格主義は、家庭から離れた職場に通勤する父と、生産労働から切り離され専業主婦として子育てや子どもの教育に携わる母、という近代家族像の出現を背景に普及した。さらに、学歴主義にとらわれた新中間層の親たちは、義務教育だけでは飽き足らず、子どもに高い学歴を持たせようとした。相続させる土地や財産を持たない新中間層が、子どもを彼ら自身以上の社会的地位に就かせるためには学歴が必要であると考えたためである。そして多くの場合、新中間層の親たちは上記の三つの主義を同時に達成しようと望みがちであったといわれている。

新中間層の家庭が恵まれた状況に置かれていた一方で、地方では貧困にあえぐ子どもたちも多数存在していた。彼らが工場などで幼年時から労働することにより、急速に発展する資本主義を支えていたことも事実である。1911（明治44）年に工場法が成立したことによって、劣悪な環境で働かされていた子どもたちの状況改善が図られるようになったが、彼らに教育を受ける権利が保障されるには、さらなる時間が必要であった。

第3節　大正新教育の高揚

1　新しい教育実践の特徴

大正期には、欧米の教授理論や実践の紹介・受容を通して多種多様な教育

実践が展開された。日本の実践家は、同時代におけるアメリカの新教育（進歩主義教育）からドルトン・プランやプロジェクト・メソッド、ウィネトカ・プランなどを、ヨーロッパの新教育からはモンテッソーリ・メソッドやドクロリー・メソッドの情報を学び、教育実践に取り入れていった。

　これらの実践には、画一的で暗記中心主義の教育方法に対する批判と、子どもの個性や自主性を尊重するという共通項が存在していた。ただし、国家主義教育体制にあった当時において、国家が定めた教育目的や教育内容への批判は難しく、むしろ国家の教育目的を実現するための方途として新しい教育方法を提起するという形式をとらざるをえなかった。

　公立学校には国家主義の教育が深く浸透していたため、新教育の実践は、まず師範学校の附属学校、あるいは私立学校で行われた。

2　教師による理論研究と実践開発

　当時の教師には、国家の教育理念を実現するために、国が定めた教育内容を正確に教授するという役割が期待されていた。教師には、教育目的や教育内容を問うことは必要なく、もっぱら教授法だけを工夫する、いわば「教授の機械」として働くことが求められていた。しかし、新教育の教育思潮が台頭し、自由主義的風潮が高まると、熱心な教師たちの中には海外の教育情報を入手して欧米の教授理論を研究し、自らの教育実践に具現化させようと試みる人たちが出てきた。多くの新教育の実践校では、校内あるいは学校を超えた研究会が組織され、個人研究・共同研究を重ねながら独自のカリキュラムや教授法を開発し、その成果を出版物として公表していった。

3　師範学校附属小学校での実践

　国家統制からある程度自由であった師範学校附属学校では、比較的早い時期から独自の試みが始まった。有名なものには、及川平治（1875-1939）が主事を務めた兵庫県明石女子師範学校、木下竹次（1872-1946）が主事を務めた奈良女子高等師範学校、手塚岸衛（1880-1936）が主事を務めた千葉県

第8章 ● 大正新教育の展開　121

師範学校、北沢種一（1880-1931）が主事を務めた東京女子高等師範学校の各附属学校がある。

　例えば、プロジェクト・メソッドを導入した事例として、奈良女子高等師範学校附属小学校（奈良女高師附小）で取り組まれた合科学習がある。同校では、学習法を提唱した木下竹次を中心に教師たちがその研究に励んだ。その教育原理とされた「学習」という言葉は、今日ではきわめて一般的であるが、「教授」という用語の方が主流に用いられてきた当時の教育界に新風を巻き起こした。木下らが目指したのは、決められたことをいかに学ぶのかという狭義の方法の改善に留まらず、「何を」学ぶのかという目的そのものから子ども自身が考えることのできる学びの確立であった。

　奈良女高師附小では、小学校教育の最初の段階からこうした自律的な学習を追求することを課題として、合科学習を実施した。第1学年から第3学年までは、教科の枠を取り払い、時間割を廃止して、教科書に縛られない実践が全面的に行われた。教師は、入学時に受け持った学級をそのまま担任することを基本に、各自の実践研究を継続的に深めていくこととされた。

　同校の教師鶴居滋一（1887-?）は、教科や時間割による学習の人為的な区分を批判し、生活教育の立場から学習者の目的活動を尊重するプロジェクト・メソッドに共感した。合科学習の実施に際して、彼は学びたいことを子どもが自己決定できるようになることを何よりも重視し、学習題材の選択を個人の希望や学級での話し合いに委ねた。自己の目的を追求することでこそ、自律的に学ぶ意欲や態度を身に付けることができると考えたからであった。学習題材を子どもが選択するこの実践では、「イウビンキョク（郵便局）」「ゑはがき」「ポスト」「手紙」「郵便局」などのように、同一ないし類似するものが繰り返し学習された。一見すると、似たような学習ばかり行っているかに見えるが、そのような見方は児童理解の欠如に起因すると鶴居は捉えていた。むしろ、子どもの成長とともに、同じ「題材」に対しても、新しい問いや発見が生まれる事実に着目し、その学びが広がり深化するよう注意を払っていたのである。

このように、同校の教師たちは、「学習」を教育原理として、その原理に則した題材選択やカリキュラム開発に取り組んだ。彼らが中心となって組織した学習研究会は、講習会の開催や雑誌『学習研究』の発行を通して、その研究の成果を次々に発表していった。全国からの視察者は年間20,000人を超えるまでになったといわれている。

4　新学校の設立

大正期には、特に私立学校の創設がこの時代の教育の顕著な特徴をなしているといってよい。理想とする学校教育を実現するために、「自学」や「自治」を掲げて子どもの自由と個性の尊重を目指した多くの私立学校が開校した。代表的なものに、沢柳政太郎（1865-1927）の成城小学校（1917年）、羽仁もと子（1873-1957）の自由学園（1921年）、西村伊作（1884-1963）の文化学院（1921年）、赤井米吉（1887-1974）の明星学園（1924年）、小原国芳（1887-1977）の玉川学園（1929年）などがあり、「新教育」を標榜した新学校として有名である。

なかでも顕著な特徴を持ち、大正新教育運動の「到達点」と評されたのが、野口援太郎（1868-1941）・下中弥三郎（1878-1961）らによる池袋児童の村小学校である。同校は1924（大正13）年、「教育の世紀社」を結成した教育改革の指導者野口援太郎によって創設され、野口の自宅で開校した。同校は徹底した自由教育を理想とし、子どもに先生を選ぶ自由、教材を選ぶ自由、時間割の自由、場所の自由を認め、協同的な学びの場としての学校を目指した。同校の教師野村芳兵衛（1896-1986）は、学校や学級を社会組織や過程に見立てた「協働自治」を提唱し、峰地光重（1890-1968）は生活綴方を実践するなど、新しい方向性を示した。「教育の世紀社」が発行した雑誌『教育の世紀』には、ドルトン・プランやドクロリー・メソッドなど欧米の教育情報が多数掲載されている。同校は、こうした教育ジャーナリズムを駆使しつつ、国際的な新教育運動の日本における一つの拠点として重要な役割を果たしていた。

5　八大教育主張

　大正新教育を象徴的に表したものが、1921（大正10）年8月、東京高等師範学校の講堂で開催された八大教育主張講演会である（**表**8-1）。連日2,000人を超える聴衆を集めた講演会では、8名の教育者が8月1日から8日の各日1名ずつ登壇し、それぞれに個性的な教育論を唱えた。これらの中には、単に「教育論」に終わらず、自らの思想を具現化する新しい実践を試行した者も少なくない。先述した及川平治の「分団式動的教育法」に見られる能力別グループ編成による個性化教育や、手塚岸衛による「自由教育」を標榜した児童中心の学校経営は、多くの教師に注目された。また、千葉命吉（1887-1959）と片上伸（1884-1928）は共に「生命」に着想した教育論を展開した。千葉の「一切衝動皆満足論」はその人その時における衝動を「生きんとする力の総体」と捉え、その衝動を「すべて満足させることで生命の創造へと導くことができる」とする神道理論を原理とした自由教育論であった。

表 8-1　八大教育主張講演者と講演内容

樋口長市	自学教育論	生徒の自主的学習を尊重する
河野清丸	自動教育論	自我の自動こそ文化の本体とする
手塚岸衛	自由教育論	子ども自らが自らの力を出して自己を開拓して進むことを重視する
千葉命吉	一切衝動皆満足論	真の教育は好きなことをやらせていくことからしなければならない
稲毛金七	創造教育論	教育は創造から始まり、文化の創造を目指さなければならない
及川平治	動的教育論	従来の教育は静的であったが、教育は動的なものでなければならない
小原国芳	全人教育論	理想の真善美聖とそれを支える健富を備えた完全で調和のある人格を育む
片上　伸	文芸教育論	文芸の精神による人間の教育を行うことを力説

一方、文芸評論家であった片上は、教育界において文芸が危険有害視されることを嘆き、文芸による教育の必要性を訴えた。千葉や片上の考え方は、「自ら生きんと欲するの意志」の尊重を説く成瀬仁蔵（1858-1919）らの思潮（大正生命主義）に連なるものであった。

6　ドルトン・プランの流行

　1901（明治34）年にデューイ（Dewey, John 1859-1952）の『学校と社会』が翻訳刊行されたことに見られるように、海外の新教育に関する情報は明治30年代から日本にも流布し始めた。文部省普通学務局長時代の沢柳政太郎がデューイの『学校と社会』を読んで感銘を受け、翻訳本を全国の小学校に配布したといわれているが、教育現場の教師たちの間にも次第に新教育の情報は広まっていった。

　なかでも、アメリカの教育者パーカースト（Parkhurst, Helen 1887-1973）が提唱したドルトン・プランは大きな影響を与えた。パーカーストは、山間の小さな小学校の教師であった経験に基づき、異学年の子どもが混在する複式学級で能力差がある子どもたちをどのように指導するかという観点からドルトン・プランを開発した。このプランは、「自由」と「協働」という考え方を中心とし、個別学習と共同学習を組み合わせて展開するものである。主要教科において子どもの能力や個性に応じた学習進度表が作成され、子どもは各自の計画に従ってそれぞれの教科の研究室へ行って自学自習を行った。プランには、子どもたちが自主的に自分の学びの進み具合を確認しながら、互いに話し合い助け合って学習を進めていくことが盛り込まれ、画一的で形式的な一斉授業の弊害を克服することが意図されていた。

　日本では、1921（大正10）年から1925（大正14）年にかけて流行した。その間多くの教育雑誌上でプランの紹介や実践報告の記事が掲載され、さまざまに議論された。ドルトン・プランは1922（大正11）年には沢柳政太郎によって成城小学校に導入され、「自学」という観点からの研究が進められて、「時間単元法」「教材単元法」「制限自学」という新しい概念が創出され

第8章 ● 大正新教育の展開　125

るなど、改良・工夫が加えられた。その後、明星学園や福井県師範学校附属小学校、熊本県立第一高等女学校、熊本県師範学校附属小学校など地方の学校でも実践されていった。多様な欧米の新教育実践の中で、ドルトン・プランは必ずしも代表的な様式とはいえないが、日本では「児童中心主義」の中心的なモデルとして普及していった点が特徴的である。

このように注目され、流行を見たドルトン・プランには批判も起こった。その批判は、このプランの原理である自由と協働という概念に関する理念的な問題や、学習進度を重視した個別教授に陥りがちであるという実践的問題、必要な物的・人的条件についてなどさまざまであり、吉田熊次（1874-1964）や佐々木秀一（1912-1986）といった教育学者だけでなく、手塚岸衛や赤井米吉など新教育の実践家によっても展開された。1920年代後半になると、全国で見られたドルトン・プラン実践化の動きは急速に衰退した。

おわりに

1924（大正13）年に松本女子師範学校附属小学校の川井清一郎訓導が修身の国定教科書を使わなかったことが問題になり、同訓導が休職処分を受けた「川井訓導事件」や、1925（大正14）年に公布された師範学校・中学校以上の生徒に軍事教練をすることを目的に、陸軍将校を諸学校に配属する「陸軍現役将校学校配属令」から派生した自由教育への反発、といった事件が象徴しているように、新教育への批判や弾圧は次第に激化していった。こうした弾圧に抗しきれなかったことや、体制の枠内での部分的な制度修正に留まったことが、大正新教育運動の限界だったとされている。

たしかに大正新教育については、それが制度を変革できなかった教育運動であるという運動史的な評価がある。しかし、近年、大正新教育の合科学習やプロジェクト・メソッドなどについてのより詳細な研究が進められたことにより、これらの実践は大正期に消滅したのではなく、戦後の新教育へと連綿と続いていることが明らかにされている。そして、その教育史的な意義は、厳しい状況下にあって新しい実践を創出した「教師たちの成長」にこそ見い

だされるべきであろう。教授法の工夫に終始し「教授の機械」として働くことを期待されていた「教師たち」が、子どもに寄り添い子どもと共に成長する教師へと自らの役割に対する覚醒を引き起こしたこと、それがこの運動の成果であった。

【文献一覧】

沖田行司編著『人物で見る日本の教育』ミネルヴァ書房、2012年

片桐芳雄・木村元編著『教育から見る日本の社会と歴史』八千代出版、2008年

小山静子『子どもたちの近代：学校教育と家庭教育』（歴史文化ライブラリー）
　　吉川弘文館、2002年

竹内洋『立志・苦学・出世：受験生の社会史』（講談社現代新書）講談社、1991年

橋本美保・田中智志編著『大正新教育の思想：生命の躍動』東信堂、2015年

橋本美保編著『大正新教育の受容史』東信堂、2018年

橋本美保・田中智志編著『大正新教育の実践（プラクシス）：交響する自由へ』
　　東信堂、2021年

寺﨑昌男・古沢常雄・増井三夫編著『名著解題』（教職課程新書）協同出版、
　　2009年

広田照幸『日本人のしつけは衰退したか：「教育する家族」のゆくえ』（講談
　　社現代新書）講談社、1999年

森川輝紀・小玉重夫編著『教育史入門』放送大学教育振興会、2012年

遠座知恵『近代日本におけるプロジェクト・メソッドの受容』風間書房、
　　2013年

第9章

国家主義教育と戦後の教育改革

香山太輝

はじめに

　国家による国民教育を意図して始まった日本の近代教育は、常に政策の動向に左右されながら展開されてきた。本章では、第二次世界大戦に向かう中での軍国主義化、戦後の民主化、そして独立後の「逆コース」や経済復興といった、1920年代後半から1950年代にかけての度重なる政策の転換の中で、教育の何が変わり、そして何が変わらずに一貫していたのかを検討していきたい。

第1節　社会の動揺と思想統制

1　経済不況下の子どもと教師

　第一次世界大戦後の慢性的な不況や、1927（昭和2）年に生じた金融恐慌は都市における労働者の解雇・失業の増加をもたらした。失業者の中には帰農する者もいたが、農村の経済もまた厳しい状況に追い込まれていた。1929（昭和4）年10月のニューヨーク証券取引所での株価暴落に端を発した世界恐慌による生糸の輸出量の低下や、翌年実施された金解禁によって生じたデフレーションの中での農作物価格の下落は、各地の農家の家計に大きな打撃を与えた。

　さらに、1931（昭和6）年および1933年（昭和8）年の度重なる冷害は、特に東北地方の農村に深刻な被害をもたらし、子どもの食事を十分に用意することができなかったり（欠食児童）、娘の身売りを余儀なくされたりする貧困家庭が急増した。また、このような状況は学校教員の生活にも影響を及ぼし、給与の遅延や不払い、さらには人員整理など、教員の待遇の悪化は深刻なものであった。

2　民間教育運動の展開

　経済不況下の子どもと教師を取り巻く状況に対し、これを是正すべく立ち上がった人々によっていくつかの教育運動が展開された。ここでは、新興教育運動、生活綴方運動、郷土教育運動について紹介したい。

　新興教育運動（プロレタリア教育運動とも呼ばれる）は、教員の労働者としての権利を擁護しその地位の向上のために組織された日本教育労働者組合と、運動の普及活動や科学的研究のために組織された新興教育研究会を拠点として展開された。農民や労働者階級の立場から資本主義社会における教育がはらむ支配的構造を批判し、そこからの人々の解放を目指したものであったが、共産主義思想を基盤としていたことからも、当局からの弾圧を免れることはできなかった。

　生活綴方運動は、子どもが日々の生活の中で見聞きし感じたことを自由な表現で書かせる綴方の実践を中核として展開された。この実践は一教科内の文章表現指導にとどまらず、直視した現実生活を綴り、それを読み合うことで、教師と子どもが厳しい現状を克服するための「生活に生きて働く原則」を共に掴んでいくことが目指された。小砂丘忠義（1897-1937）らによって1930（昭和5）年に雑誌『綴方生活』が刊行されると、生活綴方の実践は全国に広がり、各地で互いの実践を共有し合う教師たちのサークルがつくられた。とりわけ、先述した不況の中で甚大な被害を受けた東北地方の教師たちは雑誌『北方教育』を発刊して活発な運動を展開しており、これは北方性教育運動とも呼ばれている。

　郷土教育運動は、1930（昭和5）年発足の郷土教育連盟を中心とする民間教育運動としての側面と共に、農山漁村経済更正運動と歩調を合わせた文部省による地方教育振興政策としての側面も持つ。前者が郷土の科学的調査や研究を導入し、子どもたちの観察力の育成を目指していたのに対し、後者は子どもたちの郷土への理解を深めることで、郷土を愛し、その振興に奉仕する精神を育むことをねらいとしていた。戦局が進展するにしたがって後者が

優勢となり、愛郷心と連なる愛国心を涵養する教化運動としての性格を強めていくことになる。

3　思想統制の強化と教学刷新

　大正末期から昭和初期にかけて生じた社会不安の中で、資本主義体制への不信感を抱く知識人や学生の間には社会主義や共産主義、マルクス主義などの思想が浸透しつつあった。一方で、軍部の政治的発言力が増し、高度国防国家樹立を展望するようになっていた政府は、民衆の動向を危険視し、思想統制を強化していく。

　1932（昭和7）年には、文部省内の学生思想問題調査委員会が学生運動に関わる問題への対策を答申し、これに基づいて国民精神文化研究所が設置された。同研究所は、学生の思想善導に取り組む事業部と、国体観念や国民精神に基づく日本固有の思想体系を打ち立てるための研究部によって構成されていた。事業部では全国の学校長や教員を対象とした講習を行い、受講者は各地における思想統制の担い手としての役割を果たしていった。1933（昭和8）年には、京都帝国大学教授の滝川幸辰（1891-1962）が、提示した自由主義的な刑法理論を理由に職を追われる滝川事件が起きた。1935（昭和10）年には美濃部達吉（1873-1948）の天皇機関説が貴族院本会議上で反国家的であるとして排撃される事態が生じた。このように、国家による思想統制の対象は大学教員や議員にまで拡大され、大学の自治や学問の自由をも脅かすことになった。

　1935（昭和10）年11月には、教学刷新評議会が文部大臣の諮問機関として設置される。同会は翌年に「教学刷新ニ関スル答申」を提出し、教育や学問を天皇の祭祀や政治と結び付けていくことや、マルクス主義をはじめとする西洋思想を全面的に排除し、国体観念を国民精神に浸透させることが謳われた。1937（昭和12）年に文部省は、教学刷新の方針を示すために『国体の本義』を編纂、発行した。同書は30万部印刷され、全国の各学校での授業や各種儀式の場でその内容が教授されたうえ、中等学校受験の参考書ともさ

れるなど、国民に大きな影響を与えた。同書には、天皇が政治の実権を握り、国民は天皇の国家統治の事業に奉仕すべきことが『古事記』および『日本書紀』の神話に基づいて説明されており、神話を史実として扱うことで天皇制国家存立の正当性が説かれた。

第2節　国家総動員体制下の教育

1　国民精神総動員運動と教育審議会

　1937（昭和12）年の盧溝橋事件を契機として日中戦争が始まった。政府は国民の戦争への意識を高揚させるべく、「挙国一致」「尽忠報国」「堅忍持久」をスローガンとして掲げた国民精神総動員運動を起こすことを呼びかけた。町村長会、在郷軍人会、婦人会、青少年団等が加盟した国民精神総動員中央連盟を中核として、全国に運動推進のためのネットワークが張り巡らされた。こうした体制の下、各種の記念式典や行事、神社への参拝や清掃、各種勤労奉仕への参加が日常化されたことに加え、出版物やラジオなどのマスメディアの統制、さらには町村常会、部落会、町内会、隣組といった情報通達、相互監視のための体制が組織されていったことによって、戦争協力・ファシズム同調の心情が国民に浸透していった。

　戦時体制に突入する国内外の情勢に対応し、高度国防国家の樹立に向けた教育政策上の重要事項を議論するため、1937（昭和12）年12月、内閣総理大臣直轄の諮問機関として教育審議会が発足した。同審議会は1941（昭和16）年までに教育全般にわたる七つの答申と四つの建議を可決した、戦前最大規模の審議機関とされている。主要な事項としては、①小学校の国民学校への改称、②義務教育年限8年への延長、③青年学校男子の義務制実施、⑤盲聾唖教育の義務化、⑥障害児への就学保障、⑦夜間制中学校の設置、⑧女子高等学校・女子大学の創設、⑨中学校・高等女学校・実業学校の包括

同等化、⑩理工系高等教育機関の拡充などが挙げられる。

　教育審議会における政策構想は、教育へのアクセスの機会の拡大、平等化を目指すものであったと見ることもできる。では、そこで目指されていた教育の内実はいかなるものであったのか。同審議会では、学校教育にとどまらず、社会教育や家庭教育を含んだ教育政策全体にわたって協議が行われたが、「皇国ノ道」の修練、すなわち皇国民としての精神と国家の発展に寄与しうる力を養うことを教育目的とする点で一貫していた。教育課程に関しては、それまで各教科の知識や技能が並列的に扱われてきたことを改め、合科教授を導入することによって知識を統合していく方針がとられた。続いて注目すべきは、教育方法に関する新しい理念として「錬成」概念が提示されたことである。「錬成」概念には、身体的活動や師弟の人格的結び付きを重視する、宗教や武道などにおける修行の論理が取り込まれており、身体訓練を重視する方針がとられた。

2　国民学校の教育

　教育審議会以後の教育改革において、最も大きな変革が実現されたのが初等教育であった。1941（昭和16）年3月「国民学校令」が発令され、同年4月に国民学校が発足する。国民学校は初等科6年に加えて高等科2年を含む8年間の課程からなり、これを義務教育課程とするものとして構想されていたが、戦況の悪化の中で実現を見ないまま終戦を迎えることになった。

　「国民学校令」には、「国民学校ハ皇国ノ道ニ則リテ初等普通教育ヲ施シ国民ノ基礎的錬成ヲ為スヲ以テ目的トス」とあり、この目的の下で教科目の再編成が行われた。先述の通り教科内容の統合が試みられ、修身、国語、国史、地理は国民科、算数、理科は理数科、体操、武道は体錬科、音楽、習字、図画、工作、裁縫、家事は芸能科、農業、工業、商業、水産は実業科（実業科は高等科のみ）へとそれぞれ統合され、すべての教科が上述の目的に帰一するよう組織された。例えば国民科では、天皇のために命を投げ出すという皇国民としての使命や日本建国の歴史、海外侵略の正当性が神話に基づいて説

かれ、理数科では軍事科学の振興に向け、自然科学研究に取り組む態度形成が重視されていた。

　教科統合に加えて教科教育と教科外教育の統一、前述の「錬成」概念の下での教授と訓練の統一により、児童の学校生活全般を通した教育実践の実現が図られた。儀式や行事、団体訓練が盛んに取り組まれるようになった他、学校教育と社会教育・家庭教育の連携が図られ、学校外での少年団活動が重視されるようになった。児童の生活と教育活動を結び付ける発想は、大正新教育における教育実践改革の中で培われてきた知見を踏まえたものであったが、それは戦争遂行に主体的に参与しうる国民の形成にとって合理的な方法として採用されたのであった。

3　決戦下の教育とその崩壊

　日中戦争が長期化し、太平洋戦争が開戦することになった時期には、軍隊への動員数が急増し、労働力や兵力の不足が深刻な問題となった。これを補うべく、学生生徒たちが各所に動員されていくことになる。1938（昭和13）年の文部次官通牒「集団的勤労作業運動実施ニ関スル件」や1941（昭和16）年の文部および農林次官通牒「青少年学徒食糧飼料等増産運動実施ニ関スル件」により、それまで課外活動で休暇中に行われていた勤労作業が学校での授業時間に行われるようになった。1943（昭和18）年の「高等学校令」や「大学令」の改正、および中等学校令の制定によって、大学予科、高等学校高等科、中等学校の修業年限がそれぞれ1年間短縮されることが決定した。加えて同年の「在学徴集延期臨時特令」によってそれまでの学生に対する徴兵猶予の規定が撤廃されることになり、満20歳以上の学生たちが戦場に送り込まれることになった。学徒出陣と呼ばれるものである。

　本土空襲の危険性が高まってきたことを受け、政府は「学童疎開促進要綱」を閣議決定し、都市に住む子どもたちの地方への疎開を指示した。疎開先では教師と子どもたちとが共同生活を営むことになったが、慣れない土地での生活であることに加え、集団内でのいじめや教師からの監視、体罰などが子

第9章●国家主義教育と戦後の教育改革　135

どもたちを苦しませた。さらに、栄養失調による病死や疎開先での空襲の犠牲になった子どもたちもいた。

1945（昭和20）年3月の「決戦教育措置要綱」によって同年4月から国民学校初等科以外の学校授業が停止され、国民学校でも学校生活の多くが訓練や勤労作業の時間にあてられることになった。ここに至って学校はその教育機能を失ったのであった。

第3節　戦後教育改革

1　占領下の教育改革方針と教育刷新委員会

1945（昭和20）年8月15日に終戦を迎え、同年9月15日に文部省は「新日本建設ノ教育方針」を打ち出した。ここでは「平和国家ノ建設」を掲げ、戦前の国家主義的な教育体制を改める方針がとられながらも、「国体ノ護持」を教育の重要課題とすることが強調されていた。占領下日本の教育政策策定に中心的な役割を果たした連合国軍最高司令官総司令部（GHQ）は、こうした日本側の対応を不十分として、いわゆる「四大教育指令」を発した。すなわち、①戦争を支えたイデオロギーの払拭、および基本的人権の尊重や国際平和に向けた教育に関する総括的な指針の提示、②軍国主義的、超国家主義的イデオロギーを有する者の教育機構からの追放、③国家と神道の分離、④修身、日本歴史、地理の中止といった指令である。戦前までの国家主義的教育を支えた天皇制教学体制を一掃し、自由主義や民主主義思想の普及を目指した占領軍の指導の下で、国体護持の方針は改められていった。

1946（昭和21）年3月には、アメリカ教育使節団が来日し、戦前日本の教育制度を調査分析し民主化に向けた新しい教育の指針を示した。その際に協力機関となったのが日本側教育家委員会であり、使節団での議論にも少なからぬ影響を与えた。同委員会は8月に教育刷新委員会に改組され、使節団の

報告書に基づきながら、教育基本法や学校教育法、教育委員会法、社会教育法、6・3・3・4制の単線型教育制度、社会科の新設などの戦後教育制度の基礎となるような法律に関する議論を行った。

2　教育基本法の制定

1946（昭和21）年11月3日、国民主権、基本的人権の尊重、平和主義を基本理念とする日本国憲法が公布された。その内、第26条には「すべて国民は、法律の定めるところにより、その能力に応じて、ひとしく教育を受ける権利を有する」という、いわゆる教育条文が盛り込まれた。新憲法の理念を実現させるための教育の在り方を示したのが、「憲法の附属法」として1947（昭和22）年3月に成立した教育基本法であった。

教育基本法では、その第1条で「教育は人格の完成をめざし、平和的な国家及び社会の形成者として、真理と正義を愛し、個人の価値をたつとび、勤労と責任を重んじ、自主的精神に充ちた心身共に健康な国民の育成を期して行われなければならない」として教育の目的が説明された。その他、「学問の自由を尊重」すること、教育の機会均等、男女共学、学校教育の公共性、宗教教育などについて規定されている。戦前において教育は、天皇の臣民としての義務を全うすることを教えるものであったのに対し、戦後は個人の「権利」として位置付けられたのであった。

3　学習指導要領と戦後教育実践改革

小学校6年、中学校3年の合計9年の義務教育が1947（昭和22）年度から発足した。それに伴って文部省は教育課程の基準を示すものとして同年3月に『学習指導要領一般編（試案）』を発行した。その「序論」には、従来の教育が「画一的」であり、教師の「創意や工夫の力を失わせ」るものであったとし、教師が「地域の社会の特性や、学校の施設の実情や、さらに児童の特性に応じて」、教育の内容や方法を工夫する必要性が訴えられている。そして、学習指導要領には「生まれた教科課程をどんなふうにして生かして行

くかを教師自身が自分で研究して行く手びき」としての役割が付与された。

新学制における小学校の教科は、国語・社会・算数・理科・音楽・図画工作・家庭・体育・自由研究とされた。なかでも新教育課程の花形となったのは社会科である。児童生徒を、現実社会を構成する一成員として捉え、彼らが実際に生活する地域社会の問題解決と結び付いた活動を取り入れることで、社会を構成する人間や制度、自然環境などの相互依存関係を理解させること、そして社会をよりよいものにしていくための「態度や能力」を養うことが社会科の目的とされた。

教師や学校をカリキュラム開発の主体として位置付けようとする新学制の下では、アメリカにおけるカリキュラム改革運動の成果に学びつつ、各地で多様な教育実践が試みられ、東京都の桜田国民学校における「桜田プラン」や兵庫師範学校女子部附属小学校における「明石附小プラン」はそれを代表する事例であった。「明石附小プラン」では、社会科を中核（コア）としながら教科の枠組みを越えてカリキュラムを統合していくコア・カリキュラムが取り組まれた。

学校ごとの自律的なカリキュラム開発の実践の中には、地域住民も巻き込みながら、地域づくりと教育改革を一体的に推し進めようとする取り組みもあった。地域教育計画と呼ばれるこの試みのうち、代表的な事例としては、埼玉県川口市の「川口プラン」や広島県本郷町とその周辺の村々における「本郷プラン」を挙げることができる。地域が直面する問題を住民自身の手で解決することを目的として、教師と研究者、そして地域住民が実態調査を基にして教育内容編成に取り組んだ。こうしたカリキュラム開発への参加のプロセスは地域住民自身の学びの場であるとも考えられた。

4 公選制教育委員会

教育行政における改革として注目されるのが教育委員会制度である。教育委員会は、アメリカ教育使節団の勧告に基づき、1948（昭和23）年に制定された教育委員会法の下、教育行政の民主化、地方分権化、一般行政からの分

離独立をその理念として設置された。とりわけ、教育行政の民主化に向けた施策として、地方議会から選出される1名を除く委員会の成員を市民による直接選挙によって選出する公選制が採られたことは注目される。このことによって教育行政に民意を反映させることがもくろまれたが、実際には投票率が低く、組織票の問題が生じ、かえって政治的利害を反映した結果を招くことになった。1956（昭和31）年に「地方教育行政の組織及び運営に関する法律」が制定されると公選制は廃止され、首長による任命制へと移行された。

第4節　講和・独立後の教育改革

1　戦後新教育への批判

戦前の教師主導で画一的な教育を改め、児童の興味や経験を重視した戦後新教育は、その展開の中で様々な立場から批判を受けることになった。第一の批判は、学力低下を指摘する立場である。保護者たちから、子どもたちの読み書きや計算の能力、各教科に関する知識の獲得などについて不安の声が上がるようになった。こうした声はマスコミを通じて世論となって膨れ上がり、それに応答すべく1948（昭和23）年から1950年代にかけて日本教育学会や国立教育研究所などによる学力調査が行われた。そうした中で、そもそも子どもたちに身に付けさせるべき基礎学力とは何かという議論が展開されることにもなった。

第二の批判は、学問の系統性を重視する立場からの批判である。数学教育協議会や歴史教育者協議会、科学教育研究協議会などの教科教育研究に取り組む民間教育研究団体がその中心的な担い手となった。この立場の人々は、子どもの興味や生活経験を重んじるばかりでは主観的な認識にとどまり、客観的かつ科学的な知識や合理的思考を獲得させることができないと戦後新教育を批判した。

また、地域教育計画についてはその改革プロセスについての問題点も指摘された。「本郷プラン」において指導的役割を果たした教育学者の大田堯（1918-2018）は、自身の取り組みについての反省を含みながら、戦後の教育改革が地域住民自身の生活実感から生まれた願いから出発したものではなく、東京からやってきた学者のもたらす「情報の権威」によって推し進められたことを問題点として提示している。「本郷プラン」は最終的に求心力を失い、一部のインテリ層を除いた多くの地域住民は離れていってしまったという。民主主義を標榜して取り組まれたはずの戦後教育改革も、権威を持った指導者によって進められた点に注目すると、上からの改革という教育改革の構造を克服できずにいたことが見えてくる。

2　独立後の教育政策の転換

　戦後新教育への批判が高まっていく時期は、冷戦構造の固定化に伴ってアメリカによる対日占領政策が転換されていく時期と重なっていた。日本を西側陣営に組み入れ、「反共の防壁」としようとしたアメリカは、安全保障体制の構築のための再軍備化および反共産主義政策を推し進めようとした。こうした動向による教育への影響はまず、共産主義思想を有する人物の教育職からの追放、教員の労働組合運動への弾圧として現れた。ここにおいて、政治的意図の下、国家が強力に教育の在り方を規定していくという日本における近代教育の性格が再び顕著になってきたのであった。

　1952（昭和27）年4月のサンフランシスコ平和条約の発効により日本が独立を果たすと、教育行政に関しては中央集権化に、教育内容に関しては「愛国心の涵養」の強化に、それぞれ改革の方向性が転回していくことになる。同年7月に「文部省設置法」の一部が改正されると文部省の機能に変更が加えられた。すなわち、それまでは教育行政に対して指導助言・助成育成する立場にとどまっていたのに対し、勧告を行うことのできる監督行政の機能を果たすものとされた。これによって、従来各地方教育委員会の下にあった学習指導要領の作成と教科書検定の権限が文部大臣に委ねられることになった。

1950（昭和25）年から1952（昭和27）年にかけて文相を務めていた天野貞祐（1884-1980）は、国民の国家への帰属意識の低さを問題視し、学校での国旗掲揚と国歌斉唱の実施、修身科の再設置など、道徳教育を強化する必要性を訴えた。終戦後、道徳教育は教育課程全体を通して行われるものとされていたが、1958（昭和33）年3月の教育課程審議会による答申において、「道徳教育のための時間」を設けることが提案された。この答申を受け、同年8月に「学校教育法施行規則」の一部が改正され、「道徳の時間」が特設時間として教育課程に組み入れられることになった。また、この改正により、従来は教師が教育実践をつくり上げていくための手引書とされていた学習指導要領は、法的拘束力を持って教育課程および内容に関する基準を示すものとされるようになった。こうした一連の改革は、国家が期待する知識や技能を学習させ、国家にとって望ましい道徳的人物像の形成を強力に推し進めようとするものであり、戦後の教育改革の理念とは逆をいくものであった。

3　経済成長と教育

1950年代半ばから1970年代にかけ、日本経済は急成長を遂げ、1968（昭和43）年の国民総生産はアメリカに次ぐ世界第2位となった。急激な経済成長を可能にした要因の一つは、第一次産業中心から第三次産業中心への産業構造の変化にあり、学校教育にはこうした変化に応じた人材を育成することが要求された。日本経営者団体連盟や経済同友会といった団体は、産業界を支える技術者の養成や、職場に適応しうる資質を持った労働者の育成の必要性を訴えた。こうした要求はやがて中央教育審議会の答申にも反映されるようになり、経済界の動向が教育政策を左右する状況が生じた。

おわりに

戦後の教育改革が戦前の国家主義的な教育を一掃しようとした点に着目するとき、戦前と戦後は断絶したものとしても見ることができるかもしれない。しかし、戦前から戦後の教育改革の展開を概観するとき、国家が望まし

い人物像を示し、その実現に向けて教育が構想、実践されていくという構造は変わらずに一貫していたことがわかる。これからの公教育の在り方を考えていく際、現代の学校教育もまた、戦前から続くこうした構造の中で展開されていることは念頭に置かれてもよいだろう。

【文献一覧】

中内敏夫『生活綴方成立史研究』明治図書出版、1970 年

大田堯編著『戦後日本教育史』岩波書店、1978 年

大田堯『教育とは何かを問いつづけて』（岩波新書）岩波書店、1983 年

寺崎昌男編『総力戦体制と教育：皇国民「錬成」の理念と実践』東京大学出版会、1987 年

三好信浩編『日本教育史』（教職科学講座）福村出版、1993 年

山本正身『日本教育史：教育の「今」を歴史から考える』慶應義塾大学出版会、2014 年

片桐芳雄・木村元編著『教育から見る日本の社会と歴史（第 2 版)』八千代出版、2017 年

〈第 III 部〉

教育の諸課題と学校

第 **10** 章

変化する社会と学校の関係

遠座知恵

はじめに

「学校は社会の縮図である」とか「学校は小さな社会である」といった言葉を耳にしたことがある人も多いのではないだろうか。あるいは、「学校は社会の常識とかけ離れている」といった意味で、学校と社会の関係に疑問を感じた人もいるかもしれない。現代社会において、学校は誰もが経験する教育の場であり、さまざまな子どもたちがそこに集まってくる。学校を社会に例えたり、社会と比較して捉えることは、学校が社会の中に定着した現代では自然な発想である。

ただし、学校の定着とともに生じた現象は教育的にみて称賛すべきことばかりではない。学歴主義、いじめ、不登校などの教育病理は、今や大きな社会問題となっている。教育の場である学校が、子どもの成長を歪め、阻害する問題を生み出し、それらを解決することを求められているのである。さらに、学校の外に目を向ければ、現代社会は技術革新や気候変動、グローバル化などが進行しており、学校教育はさまざまな変化に対応することも期待されている。しかし、未来を予測することが困難な中、子どもたちをどのように育てればよいのだろうか。このような難しい問いにも現代の学校は直面しているのである。

こうした困難な状況に対応すべく、近年では、学校外の専門家や家庭、地域を含めた協働的な組織の在り方として、「チームとしての学校」が提唱されている。また、学習指導要領では、「社会に開かれた教育課程」の編成や「未知の状況にも対応できる思考力・判断力・表現力」などの育成が掲げられるようになった。たしかに、さまざまな問題に学校だけで対応することには無理があるが、学校と社会を含めたより広大な教育体制の構築は、これまでの学校観、社会観、そして教育観を問い直すことなしに実現することは難しいであろう。本章では、変化する社会と学校の関係に注目した教育思想に着目し、これらの点を問い直していく手がかりとしたい。

第1節 学校への批判と期待

1 問われる学校の意義

　学校に対する批判は、歴史の中で繰り返しみられたが、近代学校制度が整備された国々では、19世紀末頃からそうした声が広がりをみせた。『児童の世紀』（1900年）の著者であるケイ（Key, Ellen 1849-1926）は、学校が子どもから学ぶ意欲や主体性を奪うことを批判し、同時代に生起した新教育運動では新たな学校の模索も始まった。しかし、一般的に学校の性格は大きく転換しないまま量的拡大の途を辿り、高等教育レベルでも大衆化が進んでいった。それと同時に、学校と社会のさまざまな病理が現れるようになり、1970年代にはよりラディカルな批判も登場した。この時期注目を浴びた脱学校論は、学校こそが社会秩序の再生産や価値の制度化をもたらし、個人と社会の進歩を阻んでいるとする見方を提示した。

　こうして学校自体の限界性が指摘される一方、別の視点からの議論もみられた。「学歴稼ぎ」を批判するイギリスの社会学者ドーア（Dore, Ronald Phillip 1925-2018）は、学校が問題を抱えていることを認めつつ、そこに「教育」に値する営みも存在することを指摘した。たしかに、人間にとって教育と教育の場が必要であることを否定できないのであれば、あらゆる学校を一括りにしてそれを肯定しても、否定しても議論はなかなか深まらない。今必要なのは、人間を育てるべき学校がなぜその成長を阻む組織となってしまうのか、学校が教育可能性を発揮し得る組織となるためには何が必要なのかを考えていくことであろう。このような立場から、教育と学校に注目した人物として、デューイ（Dewey, John 1859-1952）の存在を挙げることができる。

2 デューイの問題意識と学校観

　デューイは19世紀末から20世紀にかけて活躍し、幅広い学問分野に影響

第10章 ● 変化する社会と学校の関係　*147*

を与えたアメリカの哲学者である。「人間の問題」の探求を課題にした彼は、哲学を「教育の一般理論」と定義し、「教育」を自身の学問追究の中心テーマとした。デューイ自身ハイスクールでの教職経験を持ち、教師たちとも積極的に交流を重ねたが、特に1894年に赴任したシカゴ大学では、実験学校（デューイ・スクール）の設立を求め、自身のアイデアの具現化に取り組んだ。

　シカゴ大学に在籍した10年ほどの間に、デューイは、論文「私の教育学的信条」（1897年）や『学校と社会』（1899年）、『子どもとカリキュラム』（1902年）など、教育を主題とする著作を多く発表した。その後コロンビア大学に赴任してからも、シカゴ時代の思索を基に多数の著作を執筆したが、なかでも『民主主義と教育』（1916年）は、デューイの自信作であり、彼の教育思想を包括的に展開した内容となっている。

　デューイは、学校が社会の中の一部であるとともに、それ自体一つの社会生活の場であるという学校観を提起した。さらに言えば、社会進歩の中心を担う場として彼は学校に期待を寄せていた。固定式の椅子や机が並ぶ教室で、暗唱やドリル学習が教育活動の多くを占めていた時代、彼の構想を基に設立されたデューイ・スクールは、調理室や木工室、織物室、図書室、さまざまな実験室などを擁し、調理や物作りなど、生活の中で営まれる活動（オキュペーション）を豊富に取り入れていた。

　こうして新しい学校の在り方に期待を寄せる傍ら、デューイは学校が抱える根本問題についても考察を行った。ヨーロッパ中世に起源を持つ大学から近代に成立した幼稚園に至るまで、さまざまな教育機関がデューイの時代の教育制度の一部をなしていたが、それらは各々の教育目的や慣習に則ったまま、学校間には相互の有機的な関係性が欠けているという。また、学校外の子どもたちの「経験」が学校で活かされず、学校で学んだことも日常生活で活かされず、社会生活と学校教育も断絶しているという。デューイは、このような意味での個々の学校の「孤立」を「教育における浪費」と呼び（『学校と社会』p.71）、そこに問題の本質を見いだしていた。

　デューイが活躍した時代のアメリカは、産業化、ジャーナリズムの発達、

交通網の整備などが著しく進んでいた。また、移民の増加に伴う国内での人種間の対立や国際間の紛争などにも直面していく時代であった。こうした背景の中で、デューイは変化する社会観を前提に、未来を予測不可能なものとみて教育について論じた。その際彼は、子どもを将来の社会を担う予備軍とみることや、学校を準備教育の場とみることを否定した。学校生活自体が現在営まれる社会生活であり、子どもをその社会を形成する主体とみるのが彼の立場であった。子どもや教育を社会的な視点から捉えたデューイの思想の特質や意義を以下にみていこう。

第2節　教育の社会的性質

1　「経験」概念の特質

「経験から学ぶ」という言葉があるが、デューイが人間の学びを語る際のキーワードが「経験」である。実際、彼の立場は経験主義の一つだが、ロックのそれとは異なっている。ロックは、人間は「白紙」状態で生まれ、感覚を通して受け取ったものが「観念」として書き込まれていくという見方を示した。この見方は、デューイの時代の心理学にも影響を与えていたが、そこでは子どもを外界の刺激の影響を「受ける」存在として一面的に捉えがちであった。デューイは、蠟燭の炎に触れた子どもが火傷し、その手を引っ込める事象を刺激と反応で捉える当時の解釈が、状況を単純化し、炎を手中に収めようとする子どもの「目的」の存在を見逃していると指摘した。

大人が意図的に教えなくても、自然と言葉を話すようになるように、本来子どもは能動的に学ぶ存在である。現代でも子どもを「模倣の天才」と評することがあるが、デューイはこの模倣という行為の中に彼らの主体性が潜むことを指摘している。子どもは身近な人々の言動を自然に模倣するようになるが、何もかも模倣しているわけではない。子ども自身が試みようとする何か

のために、他者の言動を観察し、自分なりの方法を選択した結果がそこにみられるという。

　このように、デューイは、環境からの主体への働きかけとともに、主体からの環境への働きかけの相互作用を含めて「経験」を捉えた。ゆえに「経験」には、主体が何かを試みることとその結果を受けることの二つの側面があるが、両者の結び付きの中にいかなる「意味」を見いだすかが経験の質を左右するという。「教育とは、経験の意味を増加させ、その後の経験の進路を方向づける能力を高めるように経験を改造ないし再組織すること」と定義したように、現在の意味ある経験を基に、新たな状況の中で次の経験を再構成し、連続的に「成長」していくことが教育であると彼は考えた（『民主主義と教育』〔上〕p.127）。

　しばしば「なすことによって学ぶ（learning by doing）」というフレーズで語られるデューイの学習論は、活動性のみを強調するものではなく、目的ある活動の重要性を提起するものであった。そこには、自分が何をしようとしているのか自覚し、先を見通し、予見できなかったことに気づき、さらに試みたことの結果からそこに至る過程を振り返るといった活動の展開に即した思考の深まりが生じる。このような思考をデューイは「反省的思考」と呼び、教育的な「経験」に不可欠なものと捉えた。ただ正解・不正解を知る学習や決まったことに習熟する学習と異なり、反省的思考による学びは、これから生起する未知の状況においても、展開を予測し、対応していく力になるという。

　さらに、デューイは人間の「経験」を社会的なものと捉えた。他の生物と同様、人間は衣食住などの欲求を持つが、他者と協働し、コミュニケーションする欲求も備えている。未成熟な状態で生を受け、他者への依存を不可欠とする人間の子どもは、本来社会的素質を持つと彼は指摘する。また、一定の行動が早期に現れる動物と異なり、人間の子どもは未成熟である分、可塑性に富み、経験から学んだことを基に、次の経験を多様に変化させていくことが可能であるという。デューイは、子どもは本来善でも悪でもなくどちらにもなり得るとみていたが、その社会的素質と可塑性の中に、他者と相互作

用しつつ、成長し続ける可能性を見いだしていた。

2　社会観の特質

　プラトン（Platon 紀元前 427-347）やルソー（Rousseau, Jean-Jacques 1712-1778）のように、デューイ以前にも個人と社会の関係に着目し、教育について論じた偉大な思想家は存在する。彼らの思想と対比して、デューイの思想にはどのような特質がみられるのだろうか。

　古代ギリシャで理想の国家について論じたプラトンは、教育の社会的性質に先駆的に着目した思想家である。プラトンが構想したのは、理性に優れた少数者の統治下で、軍人と生産者が各々の役割を果たす三つの階級から成る社会であった。そこでは、個人の能力を選別し、その適性に合わせて人材養成を行うことが教育に求められた。階級社会の構成原理は、家柄や身分ではなく、個人が社会のために発揮する能力であったが、プラトンの能力観はバリエーションに乏しく、多様な個人を社会の全体利益に従属させることになるとデューイは批判する。

　一方、フランス革命前の旧体制を批判したルソーは、人間の手による社会制度が個人を不平等・不自由にしていると説き、同時代の学校についても社会の誤謬を伝達する機関とみなしていた。人為的な教え込みを斥け、合自然を子ども期の教育原理としたルソーは、賢明な教育者がエミールという少年を導いていく仮想実験を提起した。ルソーの思想には、自然の秩序の下での人間の善性とそれを歪める社会という、自然と社会の対照的な理解があったが、こうした二元的把握や社会から切り離された個人を想定することにデューイは異を唱えた。デューイによれば、個人はすべて社会的存在である。

　では、デューイは「社会」をどのように捉えていたのだろうか。社会という言葉を私たちは何気なく使うが、デューイはそれを一面的に捉えることを否定している。個人が属す社会集団は一つではなく、一人の人間は複数の社会集団の構成員であり、それらのネットワークの総体こそが、デューイが想定する社会である。そこには、個人と集団の成長のいずれにとっても教育的

な意義を持つ社会もあれば、非教育的な社会も存在する。あらゆる社会は、その構成員を社会化しようとするが、その質や価値は個人が属す集団の特性によるという。学校という社会もまたその例外ではないのである。

第3節 変化する「教育的な」社会

1 民主主義という理念

　教育的な社会について語る際、デューイは「民主主義」という概念を用いた。戦後制定されたわが国の教育基本法でも、まず第1条で「民主的な国家及び社会の形成者として必要な資質を備えた」国民の育成が掲げられているが、「民主的」であることや「民主主義」とは一体どのようなことを意味するのだろうか。民主主義は、選挙や統治システム、あるいは多数決の原理などと結び付けて語られることも多い。民主主義の概念史を遡れば、そこには幅広い解釈が存在するし、現代においてもまったく異なる主義主張の下でこの言葉が用いられることもある。

　ここでは、デューイに即して民主主義の教育的意義を捉えてみよう。デューイは、狭義の政治的解釈を超えて、民主主義を「協同的な生き方であり、共同的にコミュニケーションがおこなわれる経験の一様式」と定義し（『ジョン・デューイ』p.100）、この概念を人々の日々の生き方の理念として示した。単なる群衆は社会集団ではなく、デューイによれば、その構成員が「共通の目的」とそれに対する「関心」を抱き、各々の行為や態度を変化させたとき、そこに社会が形成されるという（『民主主義と教育』〔上〕p.16）。それを可能にするものがコミュニケーションであり、経験を共有する中で、他者の立場から感じ、考えることが、各々の「経験」の質を豊かにするとされた。

　デューイは、民主的な社会とそうでない社会を区別したうえで、育むべき前者の社会を見極める基準として二点挙げている。一つ目は、意識的に共有

される興味・関心がどれだけ多く、多様であるかという点である。デューイは、トップダウン的な社会統制ではなく、人々が共有する多様な興味・関心を出発点として社会の在り方を追究すべきであると考えていた。二つ目は、他の集団との間にどれだけ豊かで自由な相互作用があるかという点である。異なる集団との交流で生じる新たな状況に対応していくことが、従来の習慣を見直し、変化をもたらす契機になるという。

　なお、民主的な社会集団とそうでない集団の違いを説明する具体例として、デューイは互いを気遣う関係にある家族と窃盗集団の違いを挙げている。前者は、家族の誰かの興味・関心を他の構成員も共有し影響を受けたり、各々が家庭の外で属す異なる社会集団からも影響を受けて、多様なかたちで変化する可能性を持つのに対し、後者は、共通の興味・関心が窃盗や盗品などに狭く絞られ、外の世界に対して閉鎖的であるからである。

　民主的な社会では、階級・民族・宗教・地域などの境界線を越えて人々が関わりを持つようになり、既存の社会の枠の中では発揮できなかった多様な能力の解放が可能になるという。デューイの言う民主主義は、多様性を尊び、個人と集団が変化＝成長し合う「教育的な」社会のネットワーク形成を必然的に求めているのである。

　同時に、デューイが指摘する学校の孤立状態が、彼が掲げる民主主義の理念に反することも明らかであろう。孤立状態は、人々からコミュニケーションや思考を奪い、特定の集団のみで通用する物事の正当化や凝り固まった利己的発想を誘発する。人間が社会的存在であるとしても、子どもは民主的に思考し、行動する習慣や能力を身に付けて生まれてくるわけではない。だからこそ、そのような個人と集団を育てることが、社会やとりわけ学校の役割なのである。

2　教育における目的

　デューイが重視した異なる人々との協働やコミュニケーションは、変化する現代社会に必要な能力として近年掲げられるキー・コンピテンシーなどと

も類似している。ただし、デューイはこれらを掲げただけでなく、民主的な社会を形成するために、あらゆる側面から従来の教育を見直す必要性を提起した。そのすべてを取り上げることはできないが、ここでは教育における「目的」に関するデューイの考察に着目してみよう。

　デューイは、ヘルバルト（Herbart, Johann Friedrich 1776-1841）のように、教育の唯一にして究極的な目的を定めて、それを起点に教育学を構成するというアプローチをとらなかった。しかしそれは、デューイが目的について何も語らなかったということを意味しない。むしろ第2節でみたように、彼が教育的な経験を語る際、目的の存在はきわめて重要な意味を持っていた。ただし、民主主義に値する教育的な社会もあれば、そうでない社会もあるように、目的の在り方についても同様である。

　これまで経験した学校の授業を振り返ってみると、教師が示す「めあて」に沿って、学習が展開する光景が思い浮かぶのではないだろうか。現代の学校の教室でも自然なこの光景に対し、「外から目的を課すという悪弊の根は深い」とデューイは指摘する（『民主主義と教育』〔上〕p.176）。なぜなら、そうした目的の多くが、学校や教室の外からトップダウン的に教師に与えられ、さらにそれらが子どもに与えられているからである。外から目的を押し付ける重層的な構造が教育現場に存在し、子ども自身の「経験にとって自然な目的」を斥けているという。

　教育活動に外在的な目的が民主主義に反するとデューイが考えるのはなぜだろうか。彼による以下の指摘に注目してみよう。

　　プラトンは、奴隷を定義して、自分の行為を統制する目的を他人から与えられる者といった。この奴隷という境遇は、法律的意味での奴隷制度が存在しないところにも存在する。人々が社会に役立つ活動に従事していても、その奉仕の意味を理解せず、それについて本人自ら何の興味ももっていないようなところでは、つねにそういう奴隷的境遇が見出されるのである。（『民主主義と教育』〔上〕p.138）

プラトンの構想では、一部の知的エリートが理想の国家に相応しい目的を見定め、その他大勢が賢者の計画に従えば良かった。しかし、民主主義においては、個人は固定した社会の枠組みにはめ込まれる存在ではない。変化する社会の中で自分がどのように貢献し、自己実現するのか考え、「意味」ある生き方を選択していく存在である。デューイの時代、奴隷制は廃止されていたものの、他者から与えられた目的を遂行する奴隷状態が、社会の至るところに存在すると彼はみていたのである。

　これに対し、デューイが民主的な社会の形成に資するとみたのは、教育活動に内在する目的であり、彼はその設定自体に、子どもたちが協働的に参加することを提唱した。教育活動に内在する優れた目的とは、現在の状況の中から生じ、新たな気づきに応じて修正される柔軟性を備えており、進むべき方向性を活動に与えるという。また、教育活動に外在的な目的が、活動を目的遂行の機械的な手段にしてしまうのに対し、教育活動に内在する目的は、活動に生き生きした生命を吹き込む役割を果たすという。

　教育活動に外在的な目的の普及が、「遠く離れた未来への準備」という教育観を強調し、「教師と生徒の両者の仕事を機械的で奴隷的なものにしたりする」とデューイは述べている（『民主主義と教育』〔上〕p.179）。子どもたちが与えられた目的をただ受け入れるよう教育されている限り、彼の言う民主主義を実現することはできない。与えられた目的によって、学校で学ぶことの「意味」が失われている現実がもしあるならば、デューイの思想は現代の教育に対しても挑戦的な意義を持つといえよう。

おわりに

　学校間の連携や、学校と社会の協働といった現代取り組むべき教育の諸課題は、デューイが一世紀以上前に行った問題提起と重なるものである。また、「変化する社会」とは、現代社会の状況を指すとともに、デューイが前提とした社会観でもある。ただし、個人と社会の成長にとって意義ある変化を生み出せるかどうかは、私たちが経験の共有や社会生活というものをどのよう

に捉えるのか、学校と社会が互いに教育的な関係を構築できるかどうかにかかっている。

　デューイの思想は壮大な広がりを持ち、容易に活用できる処方箋ではない。しかし忘れてならないのは、デューイが教師の手の届かない場所から改革を訴えたのではなく、子どもと教師の現在の「経験」を出発点に見据えたことである。また、彼が掲げた民主主義は、現実社会と別次元の幻想ではなく、実社会の中に存在し得る理念である。本章では、教育的な社会や目的の在り方に対するデューイの考察を取り上げたが、彼の思想に学ぶとすれば、教師には現実の中でそれらを吟味していく眼が求められるといえよう。

【文献一覧】

上野正道『ジョン・デューイ』（岩波新書）岩波書店、2022 年

佐藤学『米国カリキュラム改造史研究』東京大学出版会、1990 年

デューイ , J.（宮原誠一訳）『学校と社会』（岩波文庫）岩波書店、1957 年

デューイ , J.（松野安男訳）『民主主義と教育』〔上・下〕（岩波文庫）岩波書店、1975 年

デューイ , J.（市村尚久訳）『経験と教育』（講談社学術文庫）講談社、2004 年

デューイ , J.（上野正道訳者代表）『教育 1　学校と社会 , ほか』（デューイ著作集）東京大学出版会、2019 年

デューイ , J.（古屋恵太訳者代表）『哲学 2　論理学理論の研究 , ほか』（デューイ著作集）東京大学出版会、2022 年

ドーア , R.P.（松居弘道訳）『学歴社会』（岩波モダンクラシックス）岩波書店、2008 年

ノディングス , N.（宮寺晃夫監訳）『教育の哲学：ソクラテスから〈ケアリング〉まで』（世界思想ゼミナール）世界思想社、2006 年

English, A. R. ed., *A History of Western Philosophy of Education in the Modern Era*., Vol.4., Bloomsbury Academic, 2021.

Waks, L. J. and English, A. R. eds. *John Dewey's Democracy and Education*, Cambridge University Press, 2017.

第11章

教育における学校と家庭の役割

森岡伸枝

はじめに

　本章では、日本の学校と家庭が"いつから教育の場所となり得たのか"を教育史学の視点から捉えることを目的とする。現代では少年犯罪、いじめ、不登校などのさまざまな問題が発覚するたびに、学校あるいは家庭に原因があるとされ、両者は批判のまなざしを向けられてきた。また、テレビや新聞等は子どもに関する問題の解決法として、学校や家庭の教育力を取り戻すことを挙げることが少なくない。おそらく多くの人はこの解決策について何ら疑問に思わないだろう。しかし、いつからわれわれは学校や家庭に教育力があるとみなすようになったのか。

　本書を手に取ったみなさんは、各章で日本の各時代の教育について学んできた。ここで通史として振り返り、学校と家庭が教育の場として形成されていく過程を考察すると、どのようなことが見えてくるのだろうか。

第1節　学校の歴史
～人々にとっての教育の場となるまで～

1　学校の誕生と人々の教育経験

　1872（明治5）年の「学制」公布からわが国の学校制度が始まったが、人々にとって学校は役に立つものではなかった。西欧に倣い富国強兵を目指し、近代化を急務としたわが国では、学校制度（学制）を作り、小学校を中心として、知識を人々に伝授することを目指した。だが、教育の中身は、人々の実生活になじまない内容であった。例えば教科書『小学読本』は当時アメリカで著名だった『ウィルソン・リーダー』を翻訳したものだが、直訳に近いうえに内容や挿絵がアメリカ文化そのものであり、人々が営む仕事や生活に役立つ知識ではなかった。

　これに対し、人々の支持を得ていたのが「学制」以前から存在した手習塾

（寺子屋）であった。そこでは兼業農家など比較的裕福で地域の信頼を得た者が師匠となっていた。師匠は性別・家業（商家・農家など）や理解の度合いに応じた教材を用意し、親の要求に基づいた適切なものを子どもに与え、日常生活に必要な手紙の書き方（往来物）などを教えていた。その他家業の技能については、労働（農作業、丁稚奉公など）を通して子どもは経験的に学んでいた。このように、子どもに必要な知識・技能は通塾や労働経験によって得ることができたのである。

2　子どもの生活リズム

人々の学校教育への違和感は教育内容に対してだけではなかった。江戸期の手習塾と学校の開始時間を比較すると、手習塾が「家の生活時間」に合わせて個別に設定されていたのに対し、学校は一定の時刻に設定されていた（『「学び」の復権』p.27）。この両者の開始時刻の違いは、人々にとっては深刻な問題であった。手習塾であれば、農家の子どもは朝早くに親や村の人々と共に農作業を手伝い、その後に通うことができた。しかし、学校では朝の農作業を手伝う子どもは遅刻扱いになってしまった。農繁期ともなれば、農作業に追われる子どもは学校へ通うことは不可能となった。このように、当時の人々にとって、学校は生活リズムを無視して一定の時間・期間にわたり子どもを拘束するものであり、大切な労働力を奪うものであった。

3　授業料の現金負担

また、小学校は人々に大きな負担を強いるものだった。というのも授業料は有償であり、「学校設立に要する費用」や「建物の維持費や教材等の設備費、さらには教員の給与等を賄う費用」なども、子どもがいる・いないにかかわらず現金で「地域住民から直接徴収」されていたからである（『試験と競争の学校史』p.154）。江戸期の手習塾の授業料は各家が出せる範囲のもの（畑で採れた農産物など）であり、各家の経済に無理を強いることはなかったことを思えば、学校の授業料の支払いはとても受け入れられないことだっ

第 11 章 ● 教育における学校と家庭の役割　159

た。特に現金収入の少ない人々にとって、学校は自分たちを経済的に苦しめ、生活を脅かすものに見えただろう。

4　ジェンダーと就学率

その結果、明治初期の就学率は低迷したが、そこには女子の就学率が際立って低いというジェンダー（生物学的な性差ではない、社会的な性差）の問題が見られた。この背景には、明治期以前の文化の影響で、女子に男子並みの学びは不必要である、あるいは男子と女子は教室を分けるべき、または女子には裁縫を教えるべき、といった考え方が根強かったことが挙げられる。ゆえに、女子に学校は必要ないと人々に判断され、女子の就学率が低いために全体の就学率は低迷したのである。つまり、明治期の後半になるまで、多くの女子はジェンダーの影響を受け、学校へ通いたくても通えない、通わない状態が続いていった（森岡博士学位論文）。

では、国はどう考えていたのか。「学制」公布にあたって出した「太政官布告」では、男子と同様に女子にも学校教育が必要であると説き、「女子が将来母となり、その母の賢・不賢が子どもに大きな影響を与えるがゆえに、女子にも教育が必要」とした（『子どもたちの近代』p.60）。知識人たちにも同様の思想が見られ、例えば森有礼（1847-1889）は明治初期に「妻妾論」を発表し、「女性に教育を与えること」によって、「母親としての役割を十分に遂行することができる」と説いた（『子どもたちの近代』p.99）。このように、国や知識人は女子に教育が必要だと説いているが、女子に賢い母の役割を同時に課していたことがわかる。しかし、国は女子の就学率を向上させるための具体的な方策や手立てを積極的に実施したわけではなかった。

5　学校の定着

学校制度が定められた当初は、人々にとって学校は教育の場として認められなかった。人々は自分たちが継承してきた教育文化と「あまりに違いすぎる」学校教育に対して違和感を持っていたのである（『「学び」の復権』p.45）。

こうして多くの親は学校を無視するか拒否し、就学率は低迷し続けた。

　これに対し、自主的に就学率を上げる試みに取り組んだ地域も見られた。例えば「村の祭りの日は学校も休みとなり、田植えや稲刈りのときには農繁期休暇」を行い、「親の意向に沿い、村の実態にあわせた学校教育」が行われるようになったという（『子どもたちの近代』p.81）。また、女子教育のニーズを見て、自主的に小学校に裁縫科を設けて女子用の教育を展開した地域もみられた。それを受けて国は1893（明治26）年に文部省訓令を公布し、小学校での女子への裁縫教育を指示し、地域の取り組みが制度に結び付くこともあったのである（森岡博士論文）。

　それに加え、国は義務教育制度の確立を目指した。1886（明治19）年に小学校令を公布し、4年間（当時の小学校は8年制）を義務教育として初めて親の子に対する教育の義務を厳格に課した。そして1900（明治33）年に改正「小学校令」を公布して義務教育の授業料を無償とし、親の授業料の負担感をなくした。その結果、やっと女子の就学率が上昇して学校は教育の場として人々に認められていったのである（**表11-1**）。

　以上のことから、学校はもともと教育の場として人々に受け入れられていたものではなかったといえる。地域が人々の生活スタイルや文化に合わせる学校教育を自主的に模索し、国が大きな制度改革を実施したことで、日本の就学率は上昇したのである。こうして、学校はようやく教育の場として人々に認められ、大正期以降は子どもが学校へ通うことが当然視されていくことになった。

表11-1　尋常小学就学率（%）

年	就学率（男女）	男	女
明治 6 年	28.1	39.9	15.1
明治 10 年	39.9	56	22.5
明治 15 年	50.7	67	33
明治 20 年	45	60.3	28.3
明治 25 年	55.14	71.7	36.5
明治 30 年	66.7	80.7	50.9
明治 35 年	91.6	95.8	87

出典：『学制百年史』を基に筆者作成

第2節　家庭教育の成立の歴史
～地域による教育から家庭による教育へ～

1　地域が家族を教育する

　明治期までの人々の生業の大半は農業であったが、農村では「独自の目標や手段を選択しうるという意味での、独立した〈家庭教育〉は存在していなかった」（『日本人のしつけは衰退したか』p.26）。ゆえに家の中での親子の教育関係は形成されず、村の組織である子供組や若者組などがその関係をつくり、教育の場として機能していた。子どもたちは村の組織の共通したルール（しきたり）に基づいて教育され、村の規範を身に付けることが求められた。その意味では、地域に教育力があり、子どもは地域に守られて育てられていたと考えられる。だが、それは裏を返せば常に村組織からの厳しい監視の下に置かれ、その呪縛から逃れることはできなかったともいえる。

　その他、商業地域では「奉公」という慣習があった。近世社会においては「家」という共同体意識が醸成され、家に伝わる技術や生業を継承していくため、子どもは実際の労働に参加を強いられることで教育されていた。奉公では子どもは他家に住み込み労働に参加し、職分に応じた知識・技能、道徳や規範などを身に付けた。例えば、商家での「丁稚奉公」では、掃除などの雑務を主な仕事としながら、上司である手代や番頭から礼儀作法、商売の基本などが教えられた。休みもほとんどなく厳しかったが、それに堪えることによって手代、番頭へと出世していった。

2　地域から切り離されていく家族

　明治期になると国は廃藩置県を行い、関門を廃止して人々の移動を自由にし、五人組制度の廃止などを行った。それにより、社会の仕組みは村のしきたりといった地域の規範に縛られないものへと変化していった。また「国民総人口の把握、脱籍者の取締り」を目的として1871（明治4）年に戸籍法が

制定され、家族は「国家の基礎単位」となった（『子どもたちの近代』p.47）。こうして、国は家族と直接的に結び付き、従来の家族と地域との関係を弱体化させたのであった。

3 家庭の誕生

では、実態としての家庭教育の誕生はいつからなのか。「家庭」という概念は、父親は外で働き、母親は家で家事や育児に専念するという性別役割分担を前提とする。このような形態が誕生したのは第一次世界大戦後といわれている。この大戦の産業化により都市へ人口が集中することで都市に新中間層が登場し、それは工場労働者と共に一つの社会階層となった。新中間層は「都市に住む富裕で教養のある新興勢力、すなわち専門職や官吏・俸給生活者など」であり、家庭のルーツといわれる（『日本人のしつけは衰退したか』p.53）。

新中間層は祖父母を農村に残して都会に住み、核家族の形態を採る。ゆえに、親（主に母）のみが直接子どもの教育を行うことになる。彼らは地域や祖父母から子育てに関する知識を経験的に学ぶことができず、各家庭で地域社会とは独立した教育観を持つことになった。これが「家庭教育」の原型である。

4 家庭教育論の登場

大正期になり小学校を卒業した子どもが増加して学校教育が定着すると、知識人など社会の上層部は家庭に関心を持つようになっていく。そして、学者などが家庭教育論を体系的に論じるようになり、高島平三郎（1865-1946）は『家庭教育講話』で児童心理学における子どもの発達という観点を示した。こうした学術書の発刊により、子育ては従来のように祖父母から経験的に学ぶことで可能になるのではなく、児童心理学といった近代的な知識を学ぶことで、初めて子育てが可能になると考えられるようになった。ただ、このような研究において学校教育と家庭教育は対等に考えられていなかった。家庭

教育は「学校教育を支え、より充実したものとするため」のものであり、学校教育に対して補完的な位置付けをなされていたにすぎなかった（『子どもたちの近代』p.131）。

5　家庭教育の主体としての母〜母性神話〜

そして、「家庭教師としての母」「子どもを賢くするために」といった題目の親向けのガイドブックが多種類発刊され、これらを子育て知識に飢えていた新中間層が好んで読んだ。そこでは子どもの叱り方、子どもの受験対策といった親の子への対応について解説され、「教育のノウハウを親向けに教えるガイドブックで、それまでになかった」ものであった（『日本人のしつけは衰退したか』p.50）。

また、大正中期には、「母性」という翻訳語が家庭教育研究の書物の中で登場し、"女性は母性や母性愛を自然に備えているため、母こそが子どもの教育に適任である"という思想が学術界で広まった。さらに「母役割の重要性を理論的に補強する」ものとして「遺伝学」が登場し、科学的な見地から「母親の重要性が再認識」されることになった（『良妻賢母という規範』p.167）。なお、現在は女性だけに母性があるという学説は「神話」の域であると、否定されている（『母性愛神話の罠』）。

6　国家による家庭教育の推進〜母親の責務〜

昭和初期になると教化総動員運動が始まり、家庭教育は国家政策の対象として注目された。その背景には金融恐慌がある。国民の経済生活が貧窮化したことで社会主義思想が人々の間に浸透したのである。このため、1929（昭和4）年に文部省は「一、国体観念を明徴にし国民精神を作興すること」「二、経済生活の改善を図り国力を培養すること」を目的とした教化総動員運動を始めた（『信州大学教育学部紀要』〔49〕）。また、文部省は「家庭生活の立直し」と「科学常識の普及と併せて国民精神を作興する」ために「家庭教育の力を強め」ようとした（『現代家庭教育の要諦』pp.7-8）。

その考え方を明文化したものが 1930（昭和 5）年の文部省訓令第 18 号
「家庭教育振興ニ関スル件」である。ここでは「国運」には「家庭教育」が
強く関わること、そして「放縦ニ流レ詭激ニ傾カントスル風」の原因は家庭
教育にあると説いた。また、家庭教育の責任の所在は「婦人」にあるとし、
女性の役割が国によって規定されたのであった。その後、日中戦争、太平洋
戦争が起こると、家庭教育を推進する役割があるとされた母親には、より一
層国民形成の責任者としての意識が強く求められていった。

　以上のことから、家庭教育はもともと存在したのではなく、第一次世界大
戦後に新中間層を中心として女性が責任を負う形でつくり出されたものであ
ることがわかった。そして、内実は大正期では独自の教育方針を持つものか
ら、昭和期には国の教育思想に一体化するものへと変容したのであった。

第3節　現代の学校と家庭の役割

1　改訂「教育基本法」〜学校と家庭の連携・協力〜

　2006（平成 18）年の改訂「教育基本法」では、第 10 条に家庭教育の項目
があり、「父母その他の保護者は、子の教育について第一義的責任を有する」
「国及び地方公共団体は、家庭教育の自主性を尊重しつつ、保護者に対する
学習の機会及び情報の提供（中略）に必要な施策を講ずる」と明記され、子
どもの教育の責任は国でも社会でもなく、家庭にあるとされた。

　この条文策定の背景には、虐待などさまざまな問題の解決に向けて、家
庭・国・地域がその責任や役割を明確にするためだといわれている。その
他に新設された第 13 条では「学校、家庭及び地域住民」等は「役割と責任」
を「自覚」して「相互の連携及び協力に努める」ことが説かれて、家庭が学
校と協力することが求められている。

　家庭と学校の協力について具体例を挙げると、平成 18 年度からの文部科

第 11 章 ●教育における学校と家庭の役割　165

学省「早寝早起き朝ごはん」国民運動がある。これにより、学校は「早寝早起き」を薦めることとなり、家庭に食事や睡眠などの生活習慣について指導する役割を担うことになった。具体的には、教師が入学式や保護者会などで保護者に正しい生活習慣を啓蒙し、児童生徒には一日の活動や睡眠時間の報告をさせ、改善指導をすることが推奨されている。現代はまさに、学校と家庭が連携・協力する時代となったのである（「早寝早起き朝ごはん」国民運動の推進について：文部科学省 HP）。

2　少子化とジェンダー

そして、日本は "止まらない少子化" の問題を抱えており、労働生産人口が減少し続け、深刻な社会状況にあるといわれる。少子化の背景には、出産・育児をしにくい社会的要因と経済的要因があり、特に経済的要因が大きいという（『日本の少子化対策はなぜ失敗したのか？』）。

そして "少子化問題は女性問題である" という声も聞かれるように、女性をめぐるあらゆる面でのサポートを国際的なレベルに引き上げることが重要だと考えられている。例えばジェンダーギャップ指数に目を向けると、日本は 146 か国中 125 位という不本意な結果となり（2023〔令和 5〕年）、この指数には経済活動における女性の参加率や高等教育就学率の男女の比率のバランスの悪さが影響しているといわれる（【ジェンダーギャップ指数】日本、2023 年は世界 125 位で過去最低　政治・経済改善せず：朝日新聞 SDGs ACTION! HP）。ゆえに、少子化を克服するためには、出産・育児をしやすい環境の整備や、女性が経済活動の中心になって働き続けられるような高等教育の機会の確保などが求められている。

3　こども家庭庁の創設

少子化を克服するために、国は 2023（令和 5）年 4 月に「こどもまんなか」社会をつくるべく、内閣府の外局で「こども家庭庁」を創設した。それは、子どもに関する政策をスピードをもって手厚い支援をしていこうとする

ものである。ここで「こども家庭庁」の組織を見ていこう。**図11-1**（次頁）の「長官官房」は、子どもや若者の意見を反映した政策の実施を目的としており、当事者の声を生かす政策の実現が期待される。

「生育局」では②に「保育所」「幼稚園」が挙げられているが、保育所は厚生労働省の管轄、幼稚園は文部科学省の管轄と分かれており、日本では幼保一元化が実現に至っていないため、「生育局」によってそれが迅速に進むことが期待される。また、④の性的被害については、諸外国並みの対応が望まれ、専門家の育成・配置など、子どもが確実に守られる体制づくりが重要であろう。

ゆえに、「こども家庭庁」には期待されることが多くある。ただ、本庁が実際にどこまで行政組織としての実行力を持ち、国家予算をどこまで獲得できるのかについては未知数である。今後のゆくえをわれわれはしっかり見ていく必要があるだろう。

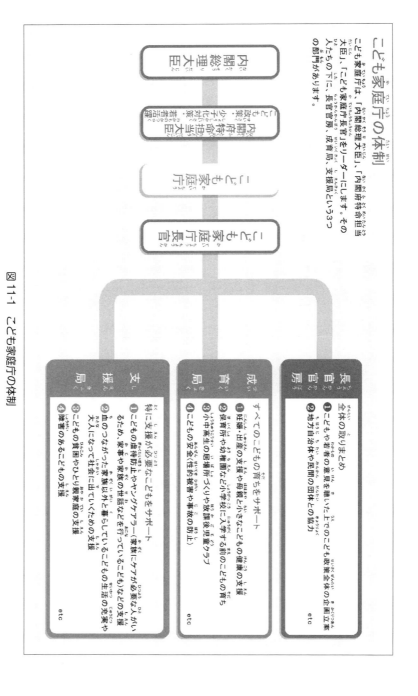

図11-1　こども家庭庁の体制

4　こども基本法

　「こども家庭庁」に関連して、「こども基本法」が2023（令和4）年に施行されたことも見ておきたい。本法では、「こども」は「心と身体の発達の過程にある人」とされ、一定の年齢による上限を設けていない。そして、その内容は子どもの成長や子育て支援、教育、雇用、結婚など、幅広い。また、本法は「日本国憲法」および「子どもの権利条約」（児童の権利に関する条約）を反映しており、以下の図11-2のように六つの基本理念からなる。特に項目1〜5は、「子どもの権利条約」に関連するものであり、われわれは、本条約の条文を十分に理解し、現場で実践する手立てを考究することが必要だろう。

こども施策は、6つの基本理念をもとに行われます。

1　すべてのこどもは大切にされ、基本的な人権が守られ、差別されないこと。

2　すべてのこどもは、大事に育てられ、生活が守られ、愛され、保護される権利が守られ、平等に教育を受けられること。

3　年齢や発達の程度により、自分に直接関係することに意見を言えたり、社会のさまざまな活動に参加できること。

4　すべてのこどもは年齢や発達の程度に応じて、意見が尊重され、こどもの今とこれからにとって最もよいことが優先して考えられること。

5　子育ては家庭を基本としながら、そのサポートが十分に行われ、家庭で育つことが難しいこどもも、家庭と同様の環境が確保されること。

6　家庭や子育てに夢を持ち、喜びを感じられる社会をつくること。

図11-2　こども施策の理念

出典：こども家庭庁HP〈https://www.cfa.go.jp/policies/kodomo-kihon/〉（参照 2023-04-01）

　そして項目5には「子育ては家庭を基本としながら」とあるが、「こども基本法」第3条の5に「こどもの養育については、家庭を基本として行われ、父母その他の保護者が第一義的責任を有するとの認識の下」（こども基本法条文〔PDF〕：こども家庭庁HP）と書かれており、先述の教育基本法第10条（家庭教育）にも関連していることがわかる。また、項目6「家庭や子育てに夢を持ち、喜びを感じられる社会をつくること」は、少子化対策としての財政

を国が捻出していく根拠となっている。

おわりに

　本章では、学校・家庭が人々にとって教育の場と見なされるまでの過程を見てきた。明治初期の就学率は低迷し、多くの人々に学校の意義が認められるまでには長い時間を要した。その背景には学習内容の生活との不一致、授業料の負担、女子には学校は不要というジェンダーの問題などがあり、これらが解決されることで、初めて学校は教育の場と成り得たのである。

　また、家庭教育はそもそも存在しておらず、第一次世界大戦後に農村から都心への人口流出に伴う核家族の誕生から生まれ、地域から独立した教育方針を持つものとなった。そして、戦争の影響とともに、"母親が責任を持って子育てをすべき"というジェンダー規範に影響されていった。ゆえに、学校教育・家庭教育は時代の変化とともに変わりゆくものなのである。

　そして現代において、国はこども家庭庁を創設し、子どもが尊重され、育てられやすい社会の実現を目指している。その社会の実現のために、今後の学校教育政策は家庭教育の支援、あるいは戦時中のような家庭教育への介入になっていくのか、われわれはその在り方を注視していきたい。

　最後に、本章を通じて問いたいのは、"当然"という考え方についてである。現代のわれわれの多くは、学校教育・家庭教育は当然あってしかるべきだと考えている。だが、この"あって当然"という考え方はなんとも疑わしいものである。目まぐるしい時代の変化の中、今も学校教育・家庭教育は刻々と変容しており、人々の描く学校像や家庭像は一様ではないからだ。学校教育・家庭教育は、"あって当然"という人々の期待に一体どこまで応えられるのだろうか。

　未来に生きる子どもたちにより良い世界をつくるため、われわれはこれからも学校教育と家庭教育の変化のゆくえを教育史の視点で考究し、問い続けることが大事だといえよう。

【文献一覧】

石島庸男・梅村佳代編『日本民衆教育史』梓出版社、1996 年

太田素子・浅井幸子編『保育と家庭教育の誕生：1890–1930』藤原書店、2012 年

大日向雅美『母性愛神話の罠』日本評論社、2000 年

小股憲明『近代日本の国民像と天皇像』大阪公立大学共同出版会、2005 年

勝田守一『教育とはなにか』（家庭の教育）岩波書店、1966 年

小林輝行「昭和初期家庭教育政策に関する一考察：1- 家庭教育振興訓令を中心として」『信州大学教育学部紀要』〔49〕1983 年 11 月

こども家庭庁について：こども家庭庁 HP〈https://www.cfa.go.jp/assets/contents/node/basic_page/field_ref_resources/955ad890-b9a8-4548-ba93-aba03c6ef54e/aad04e98/20230113_resources_cfa_overview_brochure_01.pdf〉（参照 2024-04-01）

こども基本法条文（PDF）：こども家庭庁 HP〈https://www.cfa.go.jp/assets/contents/node/basic_page/field_ref_resources/40f97dfb-ff13-4434-9ffc-3f4af6ab31d5/51bee5de/20230401policies-kodomokihon-06.pdf〉（参照 2024-04-01）

小山静子『良妻賢母という規範』勁草書房、1991 年

小山静子『家庭の生成と女性の国民化』勁草書房、1999 年

小山静子『子どもたちの近代：学校教育と家庭教育』（歴史文化ライブラリー）吉川弘文館、2002 年

斉藤利彦『試験と競争の学校史』（講談社学術文庫）講談社、2011 年

田中壮一郎監修『逐条解説 改正教育基本法』第一法規、2007 年

辻本雅史『「学び」の復権：模倣と習熟』角川書店、1999 年

広田照幸『日本人のしつけは衰退したか：「教育する家族」のゆくえ』（講談社現代新書）講談社、1999 年

本田由紀・伊藤公雄編著『国家がなぜ家族に干渉するのか：法案・政策の背後にあるもの』（青弓社ライブラリー）青弓社、2017 年

牟田和恵『戦略としての家族：近代日本の国民国家形成と女性』新曜社、1996 年

森岡伸枝博士（学術）論文「女子公教育の生成過程」2004 年

文部省編『学制百年史』帝国地方行政学会、1972 年

文部省社会教育局編『現代家庭教育の要諦』（「子どもと家庭」文献叢書）クレス出版、1997 年

「早寝早起き朝ごはん」国民運動の推進について：文部科学省 HP〈https://www.mext.go.jp/a_menu/shougai/asagohan/〉（参照 2024-04-01）

【ジェンダーギャップ指数】日本、2023 年は世界 125 位で過去最低 政治・経済改善せず: 朝日新聞 SDGs ACTION! (2023-06-21) HP〈https://www.asahi.com/sdgs/article/14936739〉(参照 2024-04-01)

山田昌弘『日本の少子化対策はなぜ失敗したのか？：結婚・出産が回避される本当の原因』（光文社新書）光文社、2020 年

第**12**章

グローバル化と持続可能な社会

西井麻美

はじめに〜グローバリゼーション〜

　現代は、グローバル化（国際化）の進展がめざましい社会となっている。国境や地域の枠を越えて、人々や物資、金銭や情報などが、行き交っている。特に、インターネットの普及などによる情報網の発展は、地球全体のネットワーク化を進め、情報の伝搬・伝達が、より広範囲に、より速く行われるようになってきている。

　さらに、経済や社会開発・発展、文化や教育などの分野でも、国や地域の枠を越えた取り組みや活動が活発化している。

　このような現代におけるグローバル化の状況は、「グローバリゼーション」とも称される。

　フリードマン（Friedman, Thomas. L. 1953-）は、グローバリゼーションには、これまで大きく三つの異なる時代のものがあったとしている。第一のものは、大航海時代におけるグローバリゼーションで、ここでは、物理的な力（腕力、馬力、風力、後には汽力・蒸気動力）に優れた国が、自国（旧世界）を基点に遠く離れた地域（新世界）へと、貿易の手を広げていった。この第一のグローバリゼーションにおいて、重要な課題は、あくまで自国を核として、他国との競争を勝ち抜き、そのために他地域の人々ともうまく力を合わせるということにあった。

　第二のグローバリゼーションは、およそ1800〜2000年の間に起こったもので、ここで重要な役割を果たしたのは、多国籍企業であると、フリードマンは捉えている。そして、多国籍企業により形成されていった世界市場と、そこでの生産と労働の在り方が、この第二のグローバリゼーションの大きな特徴になっている。この時代には、蒸気船、鉄道、電話、さらにはコンピュータなど、ハードウェアにおいて格段の進歩がもたらされ、それらを駆使して世界経済におけるビジネスチャンスを、どの企業がものにできるか（企業間競争）が大きな課題であった。

　しかし、2,000年前後からまったく新しい第三のグローバリゼーションが

始まっていると、フリードマンは考えている。ここで重要なのは、個人や小集団である。今や、個人や小集団が、グローバリゼーションを制する力を有することが可能な世界になってきていると彼は指摘する。しかも、これまで発展途上国といわれてきたような国や地域の人であっても、例えばBRICSの人々などは、先進諸国の人々と遜色ない力を発揮し始めている。このような人種・国家にかかわらずどんな個人であっても、力を発揮する可能性があるという第三のグローバリゼーションの特徴を備えた社会への変化を、フリードマンは、「世界のフラット化」と呼んだ。

　グローバリゼーションは、社会を進展させる原動力となっている一方で、課題も生じさせていると指摘されている。例えば、環境破壊に通じる社会開発や、AIなどの急激な発展による労働市場の変化、消費市場の世界規模での拡大に伴う地域性や地域文化の消滅による地域の教育力の低下、などの課題を挙げることができる。これらの課題に対しては、教育の分野に係る新たな政策も展開されてきているため、次節以降で、詳しく見ていきたい。

第1節　持続可能性への注目と ESD （持続可能な開発のための教育）

1　ESD と持続可能な開発

　これからの社会にむけて、国際社会が注目しているテーマに「持続可能性（Sustainability）」がある。「持続可能性」に注目する国際的な教育政策の一つに「持続可能な開発のための教育（ESD：Education for Sustainable Development）」があり、国際連合（以下、国連）では、2005〜2014年の10年にわたって「ESDの10年（DESD）」の教育政策を展開した。DESDは、持続可能な開発のコンセプトに沿って持続可能な社会づくりを行うためには、特に教育が重要になるとして、日本が2002（平成14）年の第57回国連総会に提案し、満場一致で採択された。

第 12 章 ● グローバル化と持続可能な社会　*175*

ESD とは、持続可能な社会づくり・開発のための教育を指している。ここでいう「持続可能な社会」とは、1987 年の「環境と開発に関する世界委員会（ブルントラント〔Brundtland, Gro Harlem 1939-〕委員長）」による報告書「Our Common Future（邦訳：我ら共有の未来）」（ブルントラント報告書）において示された「持続可能な開発（将来の世代のニーズを満たしつつ、現在の世代のニーズも満足させるような開発）」によりつくられる社会のことである。外務省の解説では、「持続可能な開発」の概念は、「環境と開発を互いに反するものではなく共存し得るものとして捉え、環境保全を考慮した節度ある開発が重要であるという考えに立つもの」だとしている（持続可能な開発：外務省 HP）。

　この報告書が発表された背景には、1960 年代以降、人間社会の一側面に特化し、環境との調和などをないがしろにした開発が急激に進むことで、生み出される環境破壊や公害の問題に対して、カーソン（Carson, Rachel 1907-1964）が『沈黙の春』（1962 年）を発表するなど、警鐘が鳴らされるようになった社会情勢がある。

　さらに、人による開発などの行為が今日の異常気象をはじめとする環境の変化や災害の発生に大きな影響を及ぼしているとする「人新世（Anthropocene）」に現代社会は入ったという主張（クルッチェン〔Crutzen, Jozef Paul 1933-2021〕が 2000 年に発表）もなされてきている。

　2023 年 9 月 20 日に開催された国連「気候野心サミット」では、気候変動に伴う災害の深刻化について、グテーレス（Guterres, António 1949-）国連事務総長が「人類は地獄の門を開けてしまった」と述べ、全世界の人々に気候問題の解決に向けて緊急の行動を起こすように呼びかけた。

　ESD では、「社会（文化を含む）」・「環境（自然環境、社会環境）」・「経済」の領域を包括して教育と学習とを構想し、自然と人間とのつながりや、自分とさまざまな他者（身近にいる人々だけでなく、海外の人々や異文化の人々までも含め）との関わりなど、社会のさまざまな絆を認識し、異なる立場や分野の人々とも連携していくことが重要とされている。つまり ESD には、多領

域多文化共生社会を目指す視点が内在しているといってもよいだろう。

2　ESD の展開と SDGs

2010 年代になると、ESD に関連する国際社会の取り組みは、次第に熱くなっていく。

2012 年に「国連持続可能な開発会議（リオ + 20)」がブラジルのリオデジャネイロで開催され、国連の会議としては、過去最大の参加者（約 40,000 人）を記録するほどであった。そこでは、ユネスコ事務局長とスウェーデン環境大臣、日本の文部科学大臣の連名で「ユネスコ持続可能な開発のための教育（ESD）に関する、リオ + 20 サイドイベントにおける持続可能性のための教育」が公表され、持続可能な社会づくりは、正しい知識や技術、価値観を身に付けた人々により達成されるものであり、その意味で教育は、経済や政治に劣らない重要性を持つという主旨の意見が述べられた。

DESD 最終年の 2014 年には、ESD の提唱者であり国際社会で ESD を牽引してきた日本において、DESD のとりまとめのユネスコ世界会議が岡山市と愛知県名古屋市で開催された。

翌 2015 年には、国連において「持続可能な開発目標（SDGs：Sustainable Development Goals)」が「持続可能な開発のための 2030 アジェンダ」に記載され、国際社会において目指されることとなった（実施期間は 2016〜2030 年まで）。SDGs は、「誰一人取り残さない」ことをテーマに掲げて、持続可能な世界を実現するための 17 のゴール（目標）・169 のターゲットを定めており、目標 4 では、教育について取り上げて「すべての人々に包摂的かつ公平で質の高い教育を提供し、生涯学習の機会を促進する」としている。

3　グローバル人材

グローバル化が進む国際社会では「グローバル人材」の育成をこれからの最優先教育課題の一つに掲げる政策が展開されている。日本では、第 4 期教育振興基本計画（2023〔令和 5〕年度〜2027〔令和 9〕年度）において、「持続

第 12 章 ● グローバル化と持続可能な社会　177

可能な社会の創り手の育成」と「日本社会に根差したウェルビーイングの向上」をコンセプトとすることが掲げられ、基本方針の一つに「グローバル化する社会の持続的な発展に向けて学び続ける人材の育成」が挙げられた。そして、「具体的にやるべきこと」として、グローバル人材の育成に向けて産官学連携により ESD を推進することが示されている。

同基本計画では、グローバル人材について、外国語を用いたコミュニケーション能力のみならず、異文化を理解しようとする精神や国際感覚、そして、新たな価値の創造に取り組む力などを有し、国際的に活躍できる人材と規定している。

しかし、グローバル化が進む国際社会の動向に反比例するかのように、日本人留学生の数が減少し、内向きの若者が増えているとされる日本の現状に危機感を抱いている人々は少なくない。そのため、日本では産官学が協力してグローバル人材を育成しようとするさまざまな施策の展開が始まっている。

第2節　知識基盤社会と教育

1　知識基盤社会

近年のグローバル化社会において、社会的ネットワークの形成方法として増加しているのが、インターネットの利用である。しかし、ここにも教育に関連する課題が存在している。デジタルデバイド（情報格差）の問題である。ICT（情報通信技術）や IoT（モノのインターネット）を活用できるかできないかで、人々の間に情報格差から、さらに経済格差までが生じている。例えば、近年、大卒生の採用には、インターネットを通じた応募方法を採る企業が増えてきている。インターネットを通じたアクセスができなければ、企業への説明会への参加さえもできない。

このような状況に至っている背景としては、今日の社会が「知識基盤社

会」であることを挙げることができるだろう。

21世紀のグローバル化社会においては、特に知識・情報・技術などの「知力」が、社会のさまざまな領域において決定的な役割を果たすようになるため、知識などの知力の重要性が格段に増加すると考えられており、そのような考えに立つ社会観を「知識基盤社会」という。

2008（平成20）年1月17日に出された中央教育審議会（以後、中教審）答申「幼稚園、小学校、中学校、高等学校及び特別支援学校の学習指導要領の改善について」では、1990年代半ばから「知識基盤社会」の時代といわれるようになっていることを指摘し、「知識基盤社会」の特質として次の点を挙げている。

①　知識には国境がなく、グローバル化が一層進む。
②　知識は日進月歩であり、競争と技術革新が絶え間なく生まれる。
③　知識の進展は旧来のパラダイムの転換を伴うことが多く、幅広い知識と柔軟な思考力に基づく判断が一層重要になる。
④　性別や年齢を問わず参画することが促進される。

しかし、この「知識基盤社会」の特性を誤解してはいけない。高い学歴を得ることは、社会で発展していくうえで、一つの可能性を開いてくれるかもしれないが、そのことがそのまま、社会での成功を保証してくれるわけではない。

このことについて、ルーマン（Luhmann, Niklas 1927-1998）は、今日の社会が機能的分化されているという観点から説明している。中世では、出自が社会でのステータスであったのに対し、近代以降は、さまざまな機能を持つ社会システムが統合する機能的分化社会へと変化したため、個々人の社会での成功は、個々人が所属する個々の機能システムの基準にどのくらい沿っているのかによるようになっているとする。学校教育も機能システムの一つと捉えられるが、職業・仕事が属する経済もまた、もう一つの機能システムを形成しており、両者は、まったく異なる機能で動いている。そのため、教育

システムの選別の仕方である受験競争での勝利者が、経済システムにおける職業・仕事でより自己を発展させていけるとは限らないという見方を、ルーマンはしている。

生成 AI などの急速な開発は、社会のデジタル化を急激に速め、社会のさまざまな分野で、これまで人が担ってきた仕事や労働を、機械や AI が行うようになるなど、社会における労働形態をも激変させていることが指摘されている。

OECD は、グローバル化と近代化に伴う職場のオートメーション化が急速に進んでいることが、ルーティンワークしかできない人への需要を減らす一方で、専門職などの知識基盤型労働が行える人に対する需要と評価を高めているとして、このような変化が、教育上の成功の基準も変えていると述べて、これからは、人々が知識労働者になることを可能にする教育が重要になるとしている。具体的には、機械では行えないような、複雑な問題解決や、広範囲な情報源から素材を集めて創造的に統合することや、生産的な方法で他者と協力して活動するなどといった力量を培う教育である。

2　Society 5.0

デジタル化の進展が社会に資するような将来像として、内閣府は、第 5 期科学技術基本計画（2016〜2020 年度）において「Society 5.0」を提唱している。同基本計画によると、Society 5.0 とは、Society 1.0（狩猟社会）・Society 2.0（農耕社会）・Society 3.0（工業社会）・Society 4.0（情報社会）に続く Society 5.0（サイバー空間とフィジカル空間を高度に融合させたシステムにより、経済発展と社会的課題の解決を両立する人間中心の社会）とされている。つまり、デジタル化により、人が隅に追いやられるのではなく、人がより良い社会づくりをしていくためにデジタル化のメリットを活用し、社会課題の解決を行い、経済発展を成し遂げていくような社会である。

2021（令和 3）年 1 月 26 日に出された中教審答申「『令和の日本型学校教育』の構築を目指して〜全ての子供たちの可能性を引き出す、個別最適な学び

と、協働的な学びの実現〜」では、「令和の日本型学校教育」の構築に向けた方向性の一つとして、Society 5.0 の時代に対応して、「GIGA スクール構想（一人一台端末と高速大容量の通信ネットワークを一体的に整備し、誰一人取り残すことなく、公平に資質・能力が育成できる教育 ICT 環境の実現を目指す。2019 年 8 月より開始）」などで示された ICT を活用しながら実践や協働的な学びを通して問題発見や課題解決に挑む資質・能力の育成が挙げられた。

3　キャリア教育とリカレント教育

　持続可能な社会づくりにおいては、情報やデジタルの分野だけでなく、多様な分野に関わる人々の社会参加が不可欠であり、そのために幅広い「キャリア教育」の充実を求める声も上がっている。

　文部科学省は、「キャリア」を「人が生涯の中で様々な役割を果たす過程で、自らの役割の価値や自分との関係を見出していく連なりや積み重ね」のこととして、社会的・職業的自立に向けた基盤となる能力や態度を育てる「キャリア教育」を推奨している（キャリア教育：文部科学省 HP）。また、同省は、中教審答申（2011 年）「今後の学校におけるキャリア教育・職業教育の在り方について」を受けて、キャリア教育を指導する資料として小・中・高等学校別に『キャリア教育の手引き』を作成している。

　生涯学習の分野では、いったん学校を卒業した後も、社会での仕事とフルタイムの教育とを交互に行い学びを仕事に生かす「循環（リカレント）」を形成する「リカレント教育（recurrent education）」の取り組みが展開されている。国際社会における「リカレント教育」政策は、OECD が 1973 年に「リカレント教育—生涯学習のための戦略—」を発表して、仕事や労働、余暇などの社会での活動と、教育とを生涯にわたり交互に行う「リカレント教育」を提案したのが始まりとなっている。日本における生涯学習の分野では、OECD が「リカレント教育」を提唱した当初から、「リカレント教育」に注目しており、近年では、第 11 期中央教育審議会生涯学習分科会において、次のように論点整理がされている。

「リカレント教育」とは、元来はいつでも学び直しができるシステムという広い意味を持つものであるが、キャリアチェンジを伴わずに現在の職務を遂行する上で求められる能力・スキルを追加的に身に付けること（アップスキリング）や、現在の職務の延長線上では身に付けることが困難な時代のニーズに即した能力・スキルを身に付けること（リスキリング）の双方を含むとともに、職業とは直接には結びつかない技術や教養等に関する学び直しも含む広義の意味で使用する。（「第11期中央教育審議会生涯学習分科会における議論の整理」〔令和4年8月生涯学習推進課〕）

4　暗黙知

「知」についても、AIによる機械学習やディープラーニングが依拠する「言葉」や「形」・「数」などの「表象される知」以外に、人が「経験や体験で得られる知」などについて注目することで、人間味ある持続可能な社会づくりがより一層可能になるという指摘もなされてきている。

経験や体験を通じて発動される「知」の存在に注目することは、ポランニー（Polanyi, Michael 1891-1976）による「暗黙知」の論考と重なる部分があるといえるかもしれない。2008（平成20）年の中教審答申では、現在の子どもたちの課題に対応するために、「基礎的・基本的な知識・技能の習得」を学習指導要領改訂のポイントの一つに挙げ、「形式知」のみでなく、「暗黙知」に注目した知識・技能の習得について喚起している。「暗黙知」は、中教審によれば、以下のように説明されている。

「形式知」とは、知識のうち、言葉や文章、数式、図表など明確な形で表出することが可能な客観的・理性的な知識のこと。これに対し、「暗黙知」とは、勘や直感、経験に基づく知恵などを指す。（「幼稚園、小学校、中学校、高等学校及び特別支援学校の学習指導要領等の改善について（答申）」〔平成20年1月17日中央教育審議会〕）

知識基盤社会の到来により、グローバル化する経済や市場の動向が、ますます教育の在り方にも影響を及ぼすようになった一方で、グローバル化の下での教育問題を浮き彫りにし、それにチャレンジすることで、近代を超克する教育刷新を可能にする新たな機会も生まれてきていると考えられるのではないだろうか。

第3節　社会や地域のつながりと教育

1　地域への帰属意識の変化

　今日のグローバリゼーションが進む社会は、課題として、消費市場を筆頭に世界の均質化を過度に促進し、これまで存在してきた多様な文化や地域性を消滅させる原動力にもなっている点が指摘されている。この背景として、人々の地域への帰属意識が変化してきていることも見過ごせない。

　それは日本を含め、世界で起こっている現象である。近年の米国社会におけるコミュニティ意識の変化について、パットナム（Putnam, Robert. D. 1941-）は、市民的なつながり（社会関係資本）に焦点を当てて、伝統的なつながりが、1970年代以降減少している様相を浮き彫りにした。米国において、かつては市民が活発に参加していた教会や労働組合、PTAなどの組織的活動はもとより、人気が高いボウリングのようなレクリエーションの領域においても、以前は、リーグ選に好んで参加していた米国市民が、チームに参加しなくなったとして、近年の米国市民の希薄な社会関係の在り方を「孤独なボウリング」と表現した。

　人々の地域への帰属意識の変化は、地域の教育力の低下にもつながっていっている。

　しかし、グローバリゼーションについて、ネガティブな側面にばかり目を向けるのではなく、新たに芽生え始めた特質を捉えようとする研究者たちも

少なくない。サッセン（Sassen, Saskia 1945頃-）らは、グローバリゼーションに内在する力学として、「グローバルな視点を保持する認識の共有」が世界の至る所で生じていたり、環境や人権などのテーマに関して、活動家たちが国境を越えてネットワークを形成しながら問題解決を模索したりしていることに注目し、越境的力学に着目すれば世界規模でのさまざまな相互作用（経済的領域だけでなく、政治的、文化的、社会的領域の）活性化状況が見えてくると指摘する（もっとも、この活性化状況は、理想的な形で世界に形成されているとは限らないし、活性化の一方で格差がより激しくなっている傾向にも注意しなければならない）。

2　共生と「開かれた個」を目指して

　日本においては、中教審答申（2008〔平成20〕年）「幼稚園、小学校、中学校、高等学校及び特別支援学校の学習指導要領の改善について」で、グローバル化が進む社会にあって、持続可能な発展を促すために重要な点として、次の項目を挙げて教育を進めるよう示唆している。

① 環境問題や少子・高齢化などの課題に日本を含め世界が協力し、積極的に対応すること。
② 一人一人が自己との対話を重ね、他者や社会、自然や環境と共に生きる、積極的な「開かれた個」であること。
③ 自分とは異なる文化や歴史に立脚する人々と共存していくために、自らの国や地域の伝統や文化についての理解を深め、尊重する態度を身に付けること。
④ 身近な地域社会の課題の解決にその一員として主体的に参画し、地域社会の発展に貢献しようとする意識や態度をはぐくむこと。

　さらに、同答申は、21世紀社会の特徴として、「知識基盤社会」であることや「第四次産業革命（進化した人工知能がさまざまな判断を行ったり、働き

がインターネット経由で最適化されたりする時代）」期にあること、「グローバル化が進展する社会」などを挙げて、「グローバル化は、様々な考え方が交錯し互いに影響を与え合う機会を生み出し、そうした多様性の中で新たなアイデアが生まれ、既存の枠を超えた知の統合がなされ、新しい価値が創造されていく重要な背景になっている」と評価している。

そして、これからの教育の在り方を決定するためには、社会状況について、現状分析を踏まえるだけでなく、将来も予測して教育を構想することが重要であるとして、2030年の社会を視野に入れた子どもたちを育てたい姿として、①社会的・職業的に自立する、②多様な人々と協働できる、③新たな価値を創造する、などを挙げている。

また、国際社会においては、ESD について、2019年の国連総会で、2030年を目標とした国際実施枠組み「ESD for 2030（持続可能な開発のための教育：SDGs 実現に向けて）」が採択されている。

おわりに〜これからの未来に向けた教育・学習〜

グローバリゼーションが進む現代社会は、先が見えない、予測不可能な社会でもあるといわれている。しかし、そのような社会だからこそ、国際社会では、将来に向けて、持続可能な社会を築くという目標を共有しながら、教育や学習についての新たな取り組みを施行していっている。

近年のグローバル化社会は、デジタル化が他の領域を凌駕する進展をみせているといえるかもしれない。しかし、持続可能な社会は、ESD のポリシーに示されているように、経済・社会（文化を含む）・環境（自然環境、社会環境）などさまざまな領域を総合し、世界の人々が協働して取り組むことにより可能となり、また、目指すべき人間像も、知識に加え、暗黙知など、人が有するすべての「知」を延ばすホリスティックな教育・学習を進めていくことが基盤となる。

現代では、グローバル化の特徴を捉え、新たな動向も視野に入れながら、世界のさまざまな連携を基盤にして幅広く教育や学習を構想することが欠か

第 12 章 ● グローバル化と持続可能な社会　*185*

せなくなってきているといえるだろう。

　本章で取り上げた事例などを、「グローバリゼーション」と「持続可能性」に係る国際社会と日本の動向（教育関連を中心に）として、**表 12-1** にまとめたので参照されたい。

表 12-1 「グローバリゼーション」と「持続可能性」に係る国際社会と日本の動向
　　　　（教育関連を中心に）

日本	国際社会
	1962 年　カーソン『沈黙の春』
	1972 年　ユネスコ教育開発国際委員会 「Leraning to be」 （フォール報告書　邦訳：未来の学習）
	1973 年　OECD 「リカレント教育-生涯学習のための戦略」
	1987 年　環境と開発に関する世界委員会 「Our Common Future」 （ブルントラント報告書）
	1996 年　ユネスコ 21 世紀教育国際委員会 「Learning: The Treasure Within」 （ドロール報告書　邦訳：学習　秘められた宝）
フリードマン　2000 年前後〜　第 3 のグローバリゼーション：「世界のフラット化」	
	2000 年　クルッチェン「人新世」について発表 2003 年　ポランニー『暗黙知の次元』
2005 〜 2014 年　国連「ESD の 10 年（DESD）」←日本による提案	
2008 年　中教審答申「幼稚園、小学校、中学校、 高等学校及び特別支援学校の学習指導 要領の改善について」	
2011 年　中教審答申 「今後の学校におけるキャリア教育・職業 教育の在り方について」	2012 年　国連 「持続可能な開発会議（リオ＋ 20）」
2014 年　DESD とりまとめのユネスコ世界会議（日本：岡山、名古屋で開催）	
2016 〜 2020 年度　内閣府「第 5 期科学技術基本計画」 ：Society 5.0 提唱	2015 年　国連「持続可能な開発のための 2030 アジェンダ」：SDGs 記載
2019 年　GIGA スクール構想	2019 年　国連「ESD for 2030」
2021 年　中教審答申「『令和の日本型学校教育』の 構築を目指して」	
2023 〜 2027 年度　第 4 期教育振興基本計画	2023 年　国連「気候野心サミット」

【文献一覧】

サッセン , S. 他「特集＝サスキア・サッセン：グローバリゼーションの最新局面」『現代思想』2003 年 5 月号、青土社、2003 年

田中智志・橋本美保監修・編著『教育の理念・歴史』（新・教職課程シリーズ）一藝社、2013 年

西井麻美・藤倉まなみ・大江ひろ子・西井寿里編著『持続可能な開発のための教育（ESD）の理論と実践』（ MINERVA TEXT LIBRARY）ミネルヴァ書房、2012 年

西井麻美・池田満之・治部眞里・白砂伸夫編著『ESD がグローバル社会の未来を拓く：SDGs の達成をめざして』ミネルヴァ書房、2020 年

パットナム , R.（柴内康文訳）『孤独なボウリング：米国コミュニティの崩壊と再生』柏書房、2006 年

フリードマン , T.（伏見威蕃訳）『フラット化する世界：経済の大転換と人間の未来〔増補改訂版〕』〔上〕日本経済新聞出版、2008 年

ポランニー , M.（高橋勇夫訳）『暗黙知の次元』（ちくま芸術文庫）筑摩書房、2003 年

ルーマン , N.（村上淳一訳）『社会の教育システム』東京大学出版会、2004 年

第 13 章

「教育の理念と歴史」を学ぶ意味

橋本美保

はじめに

　この章では、前章までの内容をふまえて、教育を支える思想的基礎について考えてみたい。教育の歴史は「理念と制度との往還の歴史」と捉えることができるだろう。すなわち、何らかの理想・目的が掲げられ、その実現・達成のための方途として組織・法律がつくられるが、そうした制度が形骸化し、それに対する批判の中から再び新しい理念・目的が語られる。教育という営みは、こうした理念と制度との往還の中で続けられてきた。19世紀以来、ヨーロッパ、アメリカ、そして日本において成立した教育システム（公教育制度）は、ルソー（Rousseau, Jean-Jacques 1712-1778）に代表される子ども観の転換や近代的な能力観・発達観の台頭を背景としながら、自律的な近代人の育成を目指して整備されてきた。しかし、近代国家の下で普及した「学校」は、すべての人々を有用な国民へと形成するために、すべての子どもを収容し、主に「3R's」と呼ばれるリテラシーを教える場所となっていく。そこでは、効率性が重視されたため、次第に教科書を用いた画一的な一斉教授が広まった。それは、「言葉で言葉を教える」という言葉中心の教授形態でもあった。例えば、19世紀末から20世紀前半に登場した「新教育」は、経験・活動を重視することで、こうした画一的・言葉中心の近代教育を超克する試みであった。

　このような「新教育」の試みには、「教育の普遍的価値」と「教育への信念」を見いだすことができる。一方の「教育の普遍的価値」は、子どもたち一人ひとりを、よりよく生きようとする一命と考え、その生きる（いのち）という営みを支援することである。他方の「教育への信念」は、困難に怯むことなく、教育によってよりよい人生・社会をつくり出すという姿勢である。こうした「教育の普遍的価値」と「教育への信念」は、いわゆる「すぐに役に立つ情報」が過剰に重視されている現代社会においてこそ、改めて確認されるべきだろう。

第1節 「新教育」という試み

1 「新教育」の特徴

19世紀末から20世紀初頭のヨーロッパ・アメリカにおいては、従来の画一的・言葉中心の教育を批判し、新しい教育を模索する広範に及ぶ試みが広まっていった。その試みは、英語圏では「新教育」（New Education）、「進歩主義教育」（Progressive Education）、ドイツ語圏では「改革教育学」（Reformpädagogik）、フランス語圏では「新教育」（éducation nouvelle）と呼ばれた。こうした「新教育」に共通する特徴は、子どもの自由な興味関心から生まれる自発的・協同的な活動を、教育の基本とすることである。

例えば、アメリカでは、デューイ（Dewey, John 1859-1952）がシカゴ大学に「実験学校」を創設し、教師の設定する「教科」の系列ではなく、自発的・協同的な活動によって子どもたちが創出する「専心（作業）」（occupation）の系列を軸にしたカリキュラムを考案した。それは、教科中心（記憶中心）の学校から活動中心（経験中心）の学校へという、学校像の転回を意味していた。デューイの弟子であるキルパトリック（Kilpatrick, William Heard 1871-1965）は、この「専心」のカリキュラムを展開する方法を定式化し、それを「プロジェクト・メソッド」と呼んだ。その中心は、子どもたちが設定する具体的な問題解決活動である。

ベルギーでは、ドクロリー（Decroly, Jean Ovide 1871-1932）が、ブリュッセル郊外に「生活のための生活による学校（エルミタージュの学校）」を創設し（1907年）、「ドクロリー・メソッド」と呼ばれる、デューイの「専心」のカリキュラムに類似したカリキュラムを考案した。ドクロリー・メソッドは、子どもたちの抱く「興味の中心」に沿って、事物についての具体的な「観察」、それを既知の知識に結び付ける「連合」、それを言葉や身体や材料で具現化する「表現」を基本的な要素とする、自発的・活動的な学びによって構成さ

れていた。

ドイツでは、ケルシェンシュタイナー（Kerschensteiner, Georg 1854-1932）が、ミュンヘン市の公立学校に子どもたち一人ひとりの「自己活動」と「協同作業」を重視したカリキュラムを導入した。それは、「実科」「世界科」と呼ばれる、「労作」を中心としたカリキュラムである。ケルシェンシュタイナーは、事物の本態を看過し、言葉の記憶を重視し、子どもを権威に臣従させ、受動的にさせることを否定し、子どもたちの自発的な「自己活動」に基づき、「協同作業」を組織することによって、自律的かつ社会的な個人を形成することを求めた。

2　日本の「新教育」

ヨーロッパ、アメリカで生起した「新教育」は日本にも及び、1910年代から、いわゆる「大正新教育」（大正自由教育とも呼ばれる）として広まっていった。第8章でみたように、沢柳政太郎は1917（大正6）年に成城小学校を創設し、「個性尊重の教育」を行った。また、野口援太郎は、1924（大正13）年に池袋児童の村小学校を開校し、児童の自主的な学習活動を重んじた教育を行った。

「大正新教育」においても、児童の自発性だけでなく、児童間の、また児童教師間の協同性が重視された。例えば、手塚岸衛は、千葉県師範学校附属小学校において、子ども自身の自発的な学びと同時に、子どもたちの協同的な活動を重視した。また、及川平治は、兵庫県明石女子師範学校附属小学校において、児童一人ひとりの個別性に配慮しつつ、自発的な学習活動を促す「分団式動的教育法」を行うとともに、児童の生活の中に見いだされる身近な問題を協同して解決する「生活単元学習」を提唱した。

1921（大正10）年に東京高等師範学校講堂で8日にわたり行われた八大教育主張講演会は、当時の日本の「新教育」運動の盛り上がりをよく示している。同会では、樋口長市、河野清丸、手塚岸衛、千葉命吉、稲毛金七、及川平治、小原国芳、片上伸の8人が一人一晩ずつ時間をかけて持論・自説を熱

く展開した。講演会は、連日約 2,000 人の聴衆を集めたといわれている。

3 「新教育」の生命思想

　こうした「新教育」は、概括的に言えば、19 世紀に構築された教育システムにおける「規律化」（規律訓練 discipline）中心の教育方法を乗り越える試みである。社会・国家によって認められた知識・技能・価値を大量の子どもにできるだけ効率的に伝達しようとする教育方法は、結局のところ、画一的な管理、一方的な教授、強圧的な訓練にとどまりがちであった。こうした規律化中心の教育方法に替わるべき教育方法が、専心的、協同的、自発的な学びを構成する活動中心の教育方法である。それは、子どもを労働へと向かわせる、狭い意味での職業準備に直結した教育方法ではなく、生活の中心である生命活動を重視する教育方法である。

　生活の中心である生命活動と言うときの「生命」は、生物学的な「生命」（bio）ではなく、哲学的な「生命」（vita）である。すなわち、料理を作ったり、植物を栽培したり、動物を飼育したりする活動は、生きることに直結した活動である。そこでは、一つの命は、他の命に支えられて生まれ、そして育つことが実感される。そうした生命の相互依存に基礎付けられてこそ、他者との協同が無条件に可能になる。すなわち、「新教育」の協同活動は、単に効果的だから行われるのではなく、それが生命の相互依存性に基礎付けられているから行われるのである。「友だちと協力する」ことが真に「社会的な力」を生み出すのは、それが一命の相互依存性に支えられてのことである。そうした了解がなければ、協同活動は上位者の命令に従う「組織的行動」となり、自発的活動は自発的に命令に従う「従属的行為」になってしまうであろう。

第 13 章 ● 「教育の理念と歴史」を学ぶ意味　*193*

第2節 教育の普遍的価値

1 言葉の二つの働き

　「新教育」において語られた「活動」「生活」「経験」は、別々のことのように思われるかもしれないが、ほぼ同一の事態を指している。それは、言葉に先行し、言葉を喚起する何かである。新しい活動、新しい生活、新しい経験が、新しい言説を生み出すのであって、その逆ではない。

　このように「経験」「活動」を重視する「新教育」は、言葉を軽視しているように見えるかもしれない。そうした批判は、例えば、デューイに対して繰り返し表明された。しかし、「新教育」の諸活動は、旧来の教育とは違う意味で言葉を大切にしていたのではないだろうか。教育において、言葉は相異なる二つの働きをしている。人を経験・活動から遠ざけるという働きと、人に経験・活動を理解させるという働きである。

　一方で、「新教育」が批判してきたように、言葉で言葉を教えることは、経験・活動からの離反を生じさせる。その言葉が、経験・活動が生み出す生き生きとした理解を伴わないからである。求められるのは、「言葉の意味」という、やはり言葉で表現されたものであり、この「言葉の意味」がわかれば解けるような問題の解き方である。しかし、他方で、言葉は、「わからないもの」を生み出し、「わかりたい」という欲求を生み出す。「わかる」ということは、「言葉で表現できる」ということだからであり、「言葉で表現できないもの」つまり「わからないもの」を際立たせるからである。むろん、「わからないもの」を遠ざけ、等閑視することもできるが、それは「わかりたい」という欲求がないということではなく、何らかの理由でそれが抑圧されている、ということである。

2　学ぶと教える

　言葉は、他者・世界・自己を理解するための道具であり、他者・世界・自己の理解を更新するための道具である。生きている限り、自分のそばにいる人、自分を取り巻く世界、そして他者や世界と共に生きている自分自身が、言葉によって理解されるべきものとして意識の中に現れる。そして、理解の手段である言葉を理解することは、他者の言葉が使われた情況を追体験ないしは疑似体験することを要する。それは、他者の言葉がどのような情況で、どのような思いと共に使われたのか、それを他者の書いたもの（文）を深く読むことによって知ることである。ただし、どれほど言葉を極めようとも、人は、他者も世界も自分も「充分にわかった」という境地に達することはできないだろう。その意味で、人が学ぶということは、言葉を知ることで自己・他者・世界の理解を絶えず更新する過程であり、人に教えるということは、言葉の使われ方を示すことで自己・他者・世界の理解の絶えざる更新を支援することである。

3　教育の普遍的価値

　他者の言葉を通じて他者・世界・自己を理解することは、自分がよりよく生きることと結び付いている。すなわち、もっと生き生きと生きることと結び付いている。なぜ人がよりよく生きようとするのか、その理由はわからない。ただ、よりよく生きることは、おそらく人類史上に哲学が誕生した時から、望ましい生の様態としてあったと思われる。そうした生の様態を原点としつつ、「道徳」（moral）や「倫理」（ethics）が生まれ、現代にまで引き継がれてきたのではないだろうか。

　「よりよく」の「よさ」については、これまでにも道徳哲学や倫理学が「徳」「善」という名の下にさまざまに語ってきた。例えば、愛、信頼、誠実、勇気、忍耐、勤勉、感謝、正義、高邁、謙遜などである。たしかに、どれも、よりよく生きるためには欠かせない「よさ」である。しかし、突きつめて言え

ば、よりよく生きようとすることこそが、根本的な「よさ」ではないだろうか。よりよく生きようとする一つ一つの命こそ、最も「よきもの」ではないだろうか。例えば、私たちが生まれたばかりの赤ちゃんに「純粋さ」や「無垢さ」を見いだすのは、そこによりよく生きようとする一つの命の姿を見いだすからではないだろうか。

　仮にそのように考えるなら、よりよく生きる一命を守り助けることこそが「教育の普遍的価値」といえるだろう。規範にただ従うことでもなく、利益のみを追い求めることでもなく、規範・利益を超えてでもなおよりよく生きようとする命の営みへの支援が、教育の普遍的価値といえるだろう。愛であれ、信頼であれ、「よさ」として語られる規範は形骸化しうる。同じように、法であれ、教育であれ、秩序を構成する装置としての制度も形骸化しうる。そうした諸価値の形骸化を乗り超えて、「よりよさ」を求めることへの支援こそが、教育の普遍的価値であろう。

第3節　教育への信念

1　教育への信念

　先に述べた「新教育」思想にはまた、「教育への信念」を見いだすことができるだろう。デューイ、ドクロリー、ケルシェンシュタイナーなど、それぞれに個性的な「新教育」論を展開した論者の間には、かなり親和的な「教育への信念」を見いだすことができるはずである。

　例えば、及川平治は、「分団式教育」という新しい教育方法、「生活単元」という新しいカリキュラムを考案したが、生涯において及川を貫いていた関心は、目の前の子ども一人ひとりに応じた教育をどうやって行うかであった。その根本的課題に応えるために、及川は子どもの「生」（life）を過去から将来までという長いスパンで捉え、子どもたちがそれぞれ自分の人生をよ

りよく生きていくために必要な力を「生活教育」によって付けさせたいと考えたのである。そこには、教育こそがよりよい人生をもたらすという強い信念を見いだすことができる。

2　生命の哲学

「新教育」の思想家たちの「教育への信念」は、しばしば「生命の哲学」に裏打ちされている。例えば、デューイにおいては、「生命」は、環境への働きかけを通じて、自分を更新し続ける存在である。この生命の自己更新こそが「成長」の基本構造である。「生命は成長を意味する」。そして成長は、根源的な理念を伴っている。「命あるものは、どの段階においても、内在的充溢と絶対的要請とともに、まさに肯定的に生きる」。そして、その自己更新は「社会的」に行われる。生命は「社会的に」、すなわち社会の中の個人の一命として維持される。その「社会的」なる人間の生命を持続させるための営みが、教育である。デューイは「最広義の教育とは、〔人間の〕生命が社会的に持続するための手段である」と述べている（『民主主義と教育』〔上〕pp.89-90、p.13〈私訳〉）。

日本では、例えば、及川が、「人間の本性」が「生命」の中に見いだされると言い、この「生命」に「理想」に向かう力を見いだしている。及川にとって「生」は、生物学的な生命、すなわち単に生物として生きていることというよりも、デューイと同じく、自分の環境をよりよいものへと変革しようとして生きることを意味している。及川は、他の新教育の思想家・実践家と同じように子どもの自発性を強調するが、それは、子どもの自発性が単に自分の力で学ぶことではなく、よりよいものへと向かう「生命」の力を意味しているからである。

3　生命の不断の動態性

及川の「生命の哲学」は、及川が親しんでいたベルクソン（Bergson, Henri 1859-1941）の「生命の哲学」に拠っている。ベルクソンが重視したも

のは、よりよい状態へと向かおうとする生命の動態性であり、それが人類文明の原動力である。ベルクソンは次のように述べている。

> 「私たちの自由は、その自由を確立する運動の中で新しい慣習を生みだす。もしも不断の努力によってその慣習が革新されないなら、自由はこの慣習のために窒息するであろう。機械生活が自由を待ち伏せしている。どんなに溌剌とした思想も、言葉にされてしまえば、その表現の定式の中で凍りつくであろう。言葉は観念を裏切り、文字は精神を抹消する。私たちの燃えるような感激も、行動となって外に現れると、往々にして凍りつき、利害や見栄の怜悧な打算に向かう」（『創造的進化』p.166〈私訳〉）。

　ベルクソンは、人々の志がこうした頽落への傾斜のうちに置かれているからこそ、生命の「動的本質」、よりよい情況を思考する「動的活動」を強調したのである。及川もまた、自らの教育実践の中でこうした頽落への傾斜を実感していたのではないだろうか。ベルクソンが言うような頽落への傾斜のうちに、これまでの教育や「新教育」の生き生きとした営みが置かれてきたことを切実に感じ取っていたのではないだろうか。しかし、そうした頽落への傾斜の中にあるからこそ、及川は「動的教育」を説き続けたのであろう。このたゆまず諦めないスタンスこそ、「新教育」思想に見いだされるべき「教育への信念」であろう。

4　メリオリズム

　「新教育」思想に見いだされるこうした「教育への信念」は、「教育万能主義」と批判されることもあった。それは、教育によって何でも可能になると考える非現実的な幻想である、と。しかし、重要なことは、「教育への信念」が、デューイの言うメリオリズムに裏打ちされていることである。メリオリズムは、現実的な困難を熟知したうえでなお、あえて困難に挑むという姿勢である。その意味では、「教育への信念」とは、教育によって困難を現実的

に精査し把握したうえで、よりよい未来に向かう力を培うという信念である、と言い換えることができよう。

　教育という営みは、子どもたちの中によりよい未来へ向かう力を育むという信念から、決して切り離すことができない。たしかに、人が生きるうえで何が最も大切であるのか、よりよい社会を構築するうえで何が最も大事であるのか、という問いには簡単に答えることはできない。その問いを心に抱えながら、「新教育」の思想家だけでなく、それ以前の多くの教育思想家・実践家たちが教育をよりよくするための努力を重ねてきた。その真摯なる営みに見いだされる「教育への信念」は、異なる時代・社会を生きる現代の私たちにも、大いなる示唆を与えるはずである。ルソーであれ、デューイであれ、個人の教育思想を学ぶということは、その個人を超えてより深くより広大な視野の下で人が生きることに近づくことであり、その果敢な探究から現代を真に生きる力を享受するということである。

5　「生きる」の哲学

　こうしてみると、「生きる」をめぐる哲学的課題を考えることが、教育研究のみならず、教育実践にも求められているといえよう。かつて、教育学者の細谷恒夫（1904-1970）は、教育を一義的に定義することは容易ではないと断りつつも、その「最小限の中心的な内容」は「人が将来よりよい行為をすることができるように、という意図をもって、その人にはたらきかけること」であると述べた（『教育の哲学』p.37）。その「よりよい行為」についての思考が哲学的思考であることは、間違いないだろう。

　そうした哲学的思考は、近代教育思想の中にも、また近代教育制度を批判する新教育思想の中にも見いだされる。振り返ってみれば、近代以降現在まで、世界各地でたびたび見られた「新教育」と呼ばれる教育運動は、基本的な原理や哲学において同じ枠組みの中で繰り返されている歴史的事象として捉えられる。このような運動の波が、形を変えて登場しなければならない歴史的必然とは何であろうか。新教育運動とは、完備されるほどに形骸化して

いく教育制度の下で、近代教育の最もプリミティブな理念を取り戻そうとする試みではないだろうか。つまり、それは社会が近代化するほどに人々から失われていく「生きるとは何か」を考える姿勢、すなわち「生きる」をめぐる哲学的課題を教育の中心に取り戻す試みであったと理解することができる。

おわりに〜「教育の理念と歴史」を学ぶ意義〜

現代の日本社会は、「年功序列」「家父長制」「家柄家元」などに顕れている伝統的・心情的な位階的秩序を残しながら、少なくともその趨勢においては「機能的分化」という構造的特質を有する社会である。そして現代の日本の教育は、この機能的分化が人々の言動を「有用性」（usefulness）へと方向付ける作用に大きく影響されている。

そうした有用性志向が、ものごとを資本・権力・威信などを所有するための手段に還元しようとする考え方、例えば、能力主義・メリトクラシー・成果主義の風潮の背景にある。こうした風潮の強い有用性志向の社会においては、その有用性中心の価値観によって人が価値付けられ、配置されたり、排除されたりする。それは、最も速やかに自分の利益を確保することだけが「人生の目的」となったり、他者も自然もすべてその目的を達成する手段に還元されたりすることである。

こうした有用性への大きな傾きの中でこそ、少なくとも教育に携わる人々は、教育の普遍的価値について再確認し、よりよい生への意思を持ち、教育を政治的・経済的手段として利用しようとする諸権力や考え方を把握し、それらを対象化しなければならない。そして、そのためには、社会学者のドーア（Dore, Ronald Philip 1925-2018）が勧めるように、「よりよき人間」を育成することが教育の唯一の目的であった時代を振り返ってみる必要があるだろう。かつて、ドーアは高度経済成長まっただ中にあった日本社会に向けて、「何がよき人間であるかという哲学的命題をもう一度教育制度変革論争の中心へ持って来なければわれわれの文明の将来についてあまり明るい見通しが持てないように思う」（『江戸時代の教育』pp.x-xi）という危惧を表したが、

今日こそ私たちはこの言葉に耳を傾けなければならない。教育の理念と歴史を学ぶことは、「理念と制度との往還の歴史」に通底している教育という営みの本質に迫ることである。そしてその営みを支えている教育の「普遍的価値」や「教育への信念」が、改めて確認される必要があろう。

【文献一覧】

今井康雄編『教育思想史［第 2 版］』（有斐閣アルマ）有斐閣、2010 年

田中智志『教育臨床学：〈生きる〉を学ぶ』高陵社書店、2013 年

田中智志・橋本美保『プロジェクト活動：知と生を結ぶ学び』東京大学出版会、2012 年

デューイ , J.（松野安男訳）『民主主義と教育』〔上・下〕（岩波文庫）岩波書店、1975 年

田中耕治・鶴田清司・橋本美保・藤村宣之『新しい時代の教育方法 改訂版』（有斐閣アルマ）有斐閣、2019 年

ドーア , R. P.（松居弘道訳）『江戸時代の教育』岩波書店 , 1970 年

橋本美保「及川平治の動的教育論：生命と生活」橋本美保・田中智志『大正新教育の思想：生命の躍動』東信堂、2015 年

橋本美保編著『大正新教育の実際家』風間書房、2024 年

ベルクソン , H.（合田正人・松居久訳）『創造的進化』（ちくま学芸文庫）筑摩書房、2010 年

細谷恒夫『教育の哲学：人間形成の基礎論』創文社、1962 年

＊本章は、『教育の理念・歴史』（新・教職過程シリーズ）（田中智志・橋本美保編、一藝社、2013 年）の終章に加筆したものである。デューイやベルクソンの生命思想および原典からの翻訳に関して、旧版編集時に田中氏から懇切なご教示をいただいた。教職のための教育学の基礎についてさらに理解を深めたい方には、上記の文献に加えて以下の書籍を参考にすることをお勧めしたい。

田中智志・今井康雄編『キーワード：現代の教育学』東京大学出版会、2009 年

橋本美保編集代表『改訂版 教職用語辞典』一藝社、2019 年

【編著者紹介】

橋本美保（はしもと・みほ）

　　1963 年生まれ

　　1990 年　広島大学大学院教育学研究科博士課程後期中途退学

　　現在：東京学芸大学教育学部教授、博士（教育学）

　　専攻：教育学（教育史、カリキュラム）

　　主要著書：『明治初期におけるアメリカ教育情報受容の研究』風間書房

　　　　　　　『プロジェクト活動：知と生を結ぶ学び』（共著）東京大学出版会

　　　　　　　『教育の理念・歴史』（新・教職課程シリーズ）（共編著）一藝社

　　　　　　　『大正新教育の思想：生命の躍動』（共編著）東信堂

　　　　　　　『大正新教育の受容史』（編著）東信堂

　　　　　　　『新しい時代の教育方法 改訂版』（有斐閣アルマ）（共著）有斐閣

　　　　　　　『改訂版 教職用語辞典』（共編著）一藝社

　　　　　　　『大正新教育：学級・学校経営重要文献選』（共編著）不二出版

　　　　　　　『大正新教育の実践（プラクシス）：交響する自由へ』（共編著）東信堂

　　　　　　　『大正新教育の実際家』（編著）風間書房

遠座知恵（えんざ・ちえ）

1976 年生まれ

2007 年　筑波大学大学院人間総合科学研究科博士課程単位取得満期退学

現在：東京学芸大学教育学部准教授、博士（教育学）

専攻：教育学（教育史、教育理論史、教育実践史）

主要著書：『近代日本におけるプロジェクト・メソッドの受容』風間書房

『大正新教育の思想：生命の躍動』（分担執筆）東信堂

『大正新教育の受容史』（分担執筆）東信堂

『改訂版 教職用語辞典』（共編著）一藝社

『大正新教育：学級・学校経営重要文献選』（共編著）不二出版

『大正新教育の実践（プラクシス）：交響する自由へ』（分担執筆）東信堂

『大正新教育の実際家』（分担執筆）風間書房

『改訂版 教育の歴史と思想』（分担執筆）ミネルヴァ書房

【執筆者紹介】

香山太輝（こうやま・たいき）［第1章、第9章］

1995 年生まれ

2023 年　東京学芸大学大学院連合学校教育学研究科博士課程修了

現在：福井大学学術研究院教育・人文社会系部門講師、博士（教育学）

専攻：教育学（日本教育史、教育経営史、教師論）

望月ユリオ（もちづき・ゆりお）［第2章］

1996 年生まれ

2024 年　東京学芸大学大学院連合学校教育学研究科博士課程修了

現在：東京学芸大学教育学部非常勤講師、博士（教育学）

専攻：教育学（日本教育史、カリキュラム）

上原秀一（うえはら・しゅういち）［第3章］

1969 年生まれ

1999 年　東京学芸大学大学院連合学校教育学研究科博士課程単位取得満期退学

現在：宇都宮大学共同教育学部教授

専攻：教育学（教育思想史、比較教育学、道徳教育論）

宮野　尚（みやの・ひさし）［第 4 章］

　　1991 年生まれ

　　2019 年　東京学芸大学大学院連合学校教育学研究科博士課程修了

　　現在：信州大学教育学部助教、博士（教育学）

　　専攻：教育学（教育史、教師教育）

永井優美（ながい・ゆみ）［第 5 章、第 7 章］

　　1985 年生まれ

　　2013 年　東京学芸大学大学院連合学校教育学研究科博士課程修了

　　現在：東京成徳短期大学幼児教育科准教授、博士（教育学）

　　専攻：教育学（教育史、幼児教育）

塚原健太（つかはら・けんた）［第 6 章］

　　1984 年生まれ

　　2022 年　東京学芸大学大学院連合学校教育学研究科博士課程単位取得満期退学

　　現在：琉球大学教育学部准教授

　　専攻：教育学（カリキュラム論、教育史、音楽教育学）

林　直美（はやし・なおみ）［第 8 章］
　　筑波大学大学院博士課程教育学研究科単位取得満期退学
　　　現在：東京学芸大学教育学部非常勤講師
　　　専攻：教育学（教育史）

遠座知恵（えんざ・ちえ）［第 10 章］
　　【編著者紹介】参照

森岡伸枝（もりおか・のぶえ）［第 11 章］
　　1972 年生まれ
　　2004 年　奈良女子大学大学院人間文化研究科博士後期課程修了
　　　現在：畿央大学教育学部准教授、生駒市社会教育委員元議長、博士（学術）
　　　専攻：教育学（日本女子教育史、ジェンダー）

西井麻美（にしい・まみ）［第 12 章］
　　東京大学大学院教育学研究科博士課程単位取得満期退学
　　　現在：ノートルダム清心女子大学大学院人間生活学研究科教授
　　　専攻：教育学（教育行政、社会教育・生涯学習、比較教育）

橋本美保（はしもと・みほ）［第 13 章］
　　【編著者紹介】参照

教育の理念と歴史

2024年9月3日　初版第1刷発行

編著者　橋本美保・遠座知恵

発行者　小野道子

発行所　株式会社 一藝社
〒160-0014　東京都新宿区内藤町1-6
Tel. 03-5312-8890　Fax. 03-5312-8895
E-mail：info@ichigeisha.co.jp
HP：http://www.ichigeisha.co.jp
振替　東京00180-5-350802
印刷・製本　モリモト印刷株式会社

©Miho Hashimoto・Chie Enza
2024 Printed in Japan
ISBN 978-4-86359-286-5 C3037
乱丁・落丁本はお取り替えいたします

本書の無断複製（コピー、スキャン、デジタル化）、無断複製の譲渡、配信は著作権法上での例外を除き禁止。
本書を代行業者等の第三者に依頼して複製する行為は個人や家庭内での利用であっても認められておりません。